W0294516

ESV

Frauenzimmer im Hotel

Wie Geschäftsfrauen sich Hotels wünschen

Von
Prof. Dr. Uta Brandes

ERICH SCHMIDT VERLAG

Bibliografische Information der Deutschen Nationalbibliothek
Die Deutsche Nationalbibliothek verzeichnet diese Publikation in der Deutschen Nationalbibliografie; detaillierte bibliografische Daten sind im Internet über http://dnb.d-nb.de abrufbar.

Weitere Informationen zu diesem Titel finden Sie im Internet unter
ESV.info/978 3 503 12474 9

ISBN 978 3 503 12474 9

Alle Rechte vorbehalten

© Erich Schmidt Verlag GmbH & Co. KG, Berlin 2010
www.ESV.info

Dieses Papier erfüllt die Frankfurter Forderungen der Deutschen Nationalbibliothek und der Gesellschaft für das Buch bezüglich der Alterungsbeständigkeit und entspricht sowohl den strengen Bestimmungen der US Norm Ansi/Niso Z 39.48-1992 als auch der ISO Norm 9706.

Satz: multitext, Berlin
Druck und Bindung: Danuvia, Neuburg a. d. Donau

Vorwort

Dieses Buch wendet sich an alle, die professionell mit dem Hotelgewerbe zu tun haben: an erster Stelle Hotelmanager, -direktoren, -bereichsleiter beiderlei Geschlechts; darüber hinaus aber auch an Zulieferer, Architekten, Designer für Hotelausstattung und -gestaltung. Nicht zuletzt wünscht sich diese Publikation Leserinnen und Leser die als Geschäftsreisende selber vielfältige Hotelerfahrungen vorzuweisen haben.

Warum? Die Zielgruppe der allein reisenden Geschäftsfrauen wächst rasant. Bei rückläufigen Umsätzen in der Branche ist dies eine gute Möglichkeit sich von der Konkurrenz abzugrenzen. Es sei vorweggenommen, die Wünsche der Frauen zu berücksichtigen ist mit keinen bzw. geringen Kosten verbunden. Häufig sucht die Branche nach Bereichen in denen mit wenig Geld große Wirkung in der Kundenzufriedenheit erreicht werden kann. Solche Möglichkeiten stellt dieses Buch vor.

Ein Buch also für alle, die wissen wollen, wie sich Frauen auf einem Business-Trip fühlen, welche Dienstleistungen, Gestaltungen, Atmosphären sie in einem Hotel bevorzugen. Mit anderen Worten: Welche Hotel-Kultur alleinreisende Geschäftsfrauen sich wünschen. Denn so viel sei vorweggenommen: Frauen haben andere und anspruchsvollere Wünsche als Männer, um sich in einem Hotel wohlzufühlen.

Bisher war über diese stark wachsende Zielgruppe nicht viel bekannt. Um dem abzuhelfen, haben wir intensiv und qualitativ geforscht: Wir haben befragt und wissenschaftlich beobachtet, wir haben Expertinnen- und Experten-Gespräche geführt. Erste Ergebnisse präsentierten wir vor einer Vielzahl von Journalistinnen und Journalisten sowie Hotelmanagern und Vielreisenden im Hotel Excelsior Ernst in Köln. Wir haben Interviews in Fach- und Frauenmagazinen sowie in Tages- und Wochenzeitungen gegeben, wir haben Zeitungs- und Zeitschriftenartikel geschrieben, wir sind im Fernsehen aufgetreten: Das große Interesse bestärkte uns darin, hier ein Thema gefunden zu haben, das offenbar ebenso unterbeleuchtet wie spannend ist. Also machten wir weiter, verfeinerten unsere Untersuchungen und dehnten sie aus. – Die Resultate können Sie in dieser Publikation nachlesen.

Ein Vorwort ist auch dazu da, denen zu danken, die diese Studie mitinitiiert, unterstützt und aktiv durchgeführt haben. Vorweg möchte ich noch bemerken, dass für die Untersuchung überhaupt keine Finanzen zur Verfügung standen. Dass wir solch ein Forschungsprojekt überhaupt „stemmen“ konnten, begründet sich wie folgt (und damit löst sich auch das Rätsel des geheimnisvollen „Wir“ auf):

„Frauenzimmer“ ist ein studentisches Forschungsprojekt, das im Rahmen meiner Professur an der Köln International School of Design (KISD) mit einer Gruppe Studierender über ein Jahr durchgeführt wurde.

Die Recherche in dieser Intensität und Vielgestaltigkeit wäre ohne die Journalistin Inken Herzig nicht möglich gewesen. Sie betreute, gemeinsam mit mir, das Projekt ebenso klug wie tatkräftig und kommunizierte unsere Explorationen in Magazinen, wie etwa dem „woman's world" der Lufthansa. Dafür danke ich ihr sehr.

Allerdings hätte die Untersuchung gar nicht stattfinden können, hätte es da nicht eine Gruppe Studierender gegeben, die bereit war, unglaublich engagiert und viel mehr zu arbeiten, als das für die Erlangung eines „Scheins", eines Zertifikates, notwendig gewesen wäre. Einige waren – als Austauschstudierende aus anderen Ländern – nur ein halbes Jahr dabei, aber alle haben zum Gelingen der Studie beigetragen.

Deshalb danke ich hier dem Team ausdrücklich und namentlich:

Asuman Altay, Natascha Aplas, Jana Celler, Nitzan Chelouche, Lisa Gerkens, Julia Maskewitsch, Fabiano de Miranda, Louisa-Maria Gorgoglione, Colin Joy, Nadine Rausch, Mari Sandbakk, Sarah Schipper, Emanuel Schmidt-Halswick, Julia Schremf, Tanja Steinebach, Sarah Sturm, Andrea Tacke, Jemma Trockuss, Andreas Unteidig, Nina Weschenfelder, Erin Wheeler, Cornelia Wiedemuth, Sophie Zaubitzer.

Ein weiterer Dank gilt dem Direktor des Excelsior Hotel Ernst in Köln, der unsere Studien und deren erste Präsentation begeistert verfolgt und engagiert unterstützt hat.

Uta Brandes. Köln, Juli 2010

Inhaltsverzeichnis

1 Weibliche Hotelkultur

„In München steht das erste Hotel der Bundesrepublik, das nach schwedischem Muster dem Reisenden die Illusion eines unabhängigen ‚Zuhause' bietet. (...) Das ‚Ambassador' ist wohl das modernste Hotel Westdeutschlands und, wenn sich der Typ bei uns durchsetzt, eine Pioniertat des Fremdenverkehrsgewerbes."

„Der Gast besucht ein Hotel, weil er sein Bett nicht schultern und in den Flieger wuchten kann, um sich an dem Ort seiner Wahl abends genüsslich in die gewohnten Federn zu schmiegen."

Zwischen diesen beiden Zitaten liegen 46 Jahre: Beide entstammen derselben Wochenzeitung („Die Zeit"), das erste wurde 1959, das zweite 2005 geschrieben. Unabhängig davon, dass der alte Text sich dem ersten deutschen Selbstbedienungs-Hotel widmet und der neuere vom Kempinski Giardino di Costanza auf Sizilien schwärmt, haben sie doch eines gemeinsam: die Vorstellung, ein Hotel solle eine Art zweites oder Ersatz-Zuhause sein.

Das vorliegende Buch handelt von Frauen, die aus Geschäftsgründen allein in einem Hotel übernachten (müssen) und von ihren Ansprüchen, Wünschen, Bedürfnissen an ein Hotel. Und diese Frauen, so können wir nach eingehenden empirischen Untersuchungen guten Gewissens feststellen, möchten sich im Hotel ein wenig wie zu Hause fühlen: vertraut, geschützt, behaglich.

Frauen und Männer haben nicht den gleichen Anspruch an ein Hotel(Zimmer). Besonders, wenn sie aus Geschäftsgründen reisen, sind Frauen deutlich anspruchsvoller.

Wie das Reiseverhalten von Geschäftsfrauen geprägt ist, was sie sich wirklich von den Hotels erhoffen und in ihrem Hotelzimmer vorzufinden wünschen, stellt eine neue, zumindest in Europa unseres Wissens einmalige, qualitative Trendstudie vor.

Initiiert von der Autorin sowie der Journalistin Inken Herzig, und realisiert unter tatkräftiger Mitarbeit von Studierenden der Köln International School of Design (KISD), versuchten wir die Spuren ausfindig zu machen, die uns zu den wirklichen Interessen und Bedürfnissen der weiblichen Hotelgäste führen.

Im Folgenden wird das geschlechterspezifisch höchst unterschiedliche Reiseverhalten in Bezug auf einen Hotelaufenthalt vorgestellt. Diese Differenzen sind bedeutsam. Denn wer diese unterschiedlichen Vorstellungen alleinreisender Frauen über eine gastliche Hotelkultur wahrhaft ernst nimmt, wird sich einen Wettbewerbsvorteil sichern können – besonders in Zeiten, in denen es mit den Umsätzen des Gastgewerbes nicht zum Besten steht.

Denn die Serie von Umsatzeinbußen hat sich laut Statistischem Bundesamt (August 2009) fortgesetzt: Das gesamte Gastgewerbe nahm knapp 5 % weniger ein als im vorherigen Jahr. Bereinigt um Preisschwankungen fiel das Minus sogar noch größer aus: fast 7 %. Andererseits werden Geschäftsreisen nicht unbedingt abnehmen – das ist die gute Nachricht. Die nicht ganz so gute: Zwar wird auch weiterhin, trotz schwieriger ökonomischer Bedingungen, die Anzahl der Business-Trips eher steigen – aber nicht deren Kosten. Der Verband Deutsches Reisemanagement vermutete in 2009, dass die Finanzkrise sich insbesondere bei größeren Unternehmen niederschlüge. In jedem dritten würde weniger gereist werden. Das heißt: Business-Hotels müssen rechnen, sie müssen überlegen, wo sie neue Märkte auch in harten Zeiten erschließen können.

Ein weiterer Grund, Frauen nicht nur nicht zu vernachlässigen, sondern ganz in Gegenteil sie neu und anders zu umwerben.

Um zu erreichen, dass sie sich unterwegs rundum wohlfühlen, bedarf es einiger Dinge, die in vielen Hotels noch nicht so ganz angekommen sind: Das reicht von kleinen bis zu großen Wünschen, vom Detail bis zum Gesamten, vom Service bis zum Design, vom Feeling bis zur Atmosphäre. Vor allem aber braucht es Fingerspitzengefühl derjenigen, die für das Hotel verantwortlich sind: Hoteldirektoren und Hotelmanager (beiderlei Geschlechts).

Nun mag das auf den ersten Blick so wirken, als ob da enorme Kosten auf das Management zukommen würden. Zur Beruhigung: Sehr viele der weiblichen Ansprüche sind fast kostenneutral, haben eher etwas mit entsprechend geschultem, aufmerksamem Personal zu tun; mit dem Bemühen, sich auf diese Zielgruppe ernsthaft (und nicht als Marketing-Gag) einzulassen; und mit zum Teil unaufwändigen Neuarrangements der Ausstattung. Gerade in Krisenzeiten ist die Notwendigkeit da, innovativ zu werden, um sich von Kostendruck und Konkurrenz zu befreien. Das machen leider sehr viele Unternehmen in allen Branchen falsch.

Dieses Buch richtet sich an Hotelexpertinnen und -experten, deren Klientel sich zum überwiegenden Teil aus Geschäftsreisenden zusammensetzt und die Interesse daran haben, all ihre Gäste so umfassend wie möglich zufrieden zu stellen. Damit – so ist zu vermuten – adressiert diese Publikation die überwältigende Mehrheit der Hoteliers.

Und wenn Sie während der Lektüre dieses Buches kopfschüttelnd meinen feststellen zu müssen, dass das Meiste, was hier geschrieben steht, ganz gewiss auch männliche Hotelgäste ebenso wünschen, so darf ich ein schlichtes, aber wesentliches Argument entgegen halten: Wenn Sie also einen der weiblichen Wünsche – wie z. B. den nach einem freundlichen und schnellen Check-in – damit kontern wollten: „Glauben Sie etwa, ein Mann sehnt sich nach einem unfreundlichen und langsamen Check-in?“, so entgegnen wir Ihnen nachdrücklich: „Nein, das glauben wir nicht; aber der gewaltige Unterschied liegt darin, dass Männer diesen Anspruch – wie unglaublich viele andere – nicht äußern, während Frauen solches ausdrücklich artikulieren.“

Das nämlich ist der Punkt: Frauen haben, so kann unsere Untersuchung eindrücklich beweisen, sehr genaue Vorstellungen von dem, was sie in einem Hotel vorfinden und wie sie angesprochen werden möchten. Es fällt ihnen umgekehrt auch überhaupt nicht schwer, ihre Kritik an Dingen, die sie vermissen oder die ihren Ansprüchen nicht genügen, zu äußern – wenn sie ehrlich danach gefragt werden. Männer dagegen sind viel leichter zufrieden zu stellen; zumindest aber artikulieren sie sehr selten Kritik oder Wünsche.

Zufriedene weibliche Hotelgäste sind sehr treu und empfehlen das Hotel gern weiter. Denn Frauen sind stärker vernetzt, kommunizieren stärker und sind daher auch stärkere Multiplikatoren.

Und das ist die Gelegenheit für ein aufmerksames Hotelmanagement: Sofern man sich an seinen anspruchsvollsten Gästen orientiert (und das sind die Frauen), gefällt es dem anderen Geschlecht eben auch. Im schlechtesten Fall bemerken männliche Gäste manche Dienstleistungen und Ausstattungen nicht oder finden sie überflüssig. Und das ist weit weniger problematisch als unzufriedene weibliche Kundinnen zu hinterlassen. Denn diese werden, wenn sie es sich aussuchen können (also von ihrem Arbeitgeber nicht „gezwungen" werden, in einem bestimmten Hotel zu nächtigen), ganz gewiss nicht wiederkommen. Zufriedene Geschäftsfrauen jedoch, auch das haben wir herausgefunden, sind die dankbarsten und treuesten Gäste; und sie empfehlen das entsprechende Hotel in ihrem Netzwerk deutlich weiter.

Das Ergebnis, kurz und kompakt:

Businessfrauen kommt es vor allem auf drei Bereiche an, die allesamt mit „S" beginnen (übrigens auch in der englischen, französischen, italienischen oder spanischen Sprache):

- Sinnlichkeit: etwa ein geschmackvoll eingerichtetes, gut riechendes Zimmer und ein gut ausgestattetes Bad mit feinen Markenprodukten:
  „Wenn es im Hotel einen Raum gibt, der besondere Aufmerksamkeit verdient, dann ist es das Bad. Ein bisschen ‚over-the-top"-Aufmachung würde unser aller Leben aufhellen, besonders das der abgehärteten Profi-Reisenden." (Engländerin, 43 Jahre)
- Sicherheit: gute Orientierung im Hotel, keine weiten Wege, vertrauenswürdiger Service, der die Frauen in ihren Belangen ernst nimmt:
- „Wenn ich allein reise, fühle ich mich beobachtet." (Deutsche, 52 Jahre)
- Sozialität: eine persönliche Ansprache durch das Personal und Aufenthaltsräume, in denen sich Frauen allein nicht unbehaglich fühlen:
- „Im Hotel sitzt man immer alleine, wir sollten vielleicht die Hemmschwelle überwinden und uns mit anderen alleinreisenden Frauen zusammensetzen." (Schweizerin, 36 Jahre)

2 Von Reisen und Herbergen

2.1 Historisch

Reisen haben eine lange Tradition. Streng genommen könnten wir das Reisen bis zu den Anfängen der Menschheit zurückverfolgen, denn die ersten Menschen waren Nomaden, die zum Überleben und auf der Flucht vor Naturkatastrophen stetig wandern mussten. Diese Völker reisten also immer, weil sie nämlich überhaupt keinen festen Wohnsitz hatten.

Die genauere Definition des Reisens im Sinne einer vorübergehenden Abwesenheit von einem festen Wohnsitz ist dann jedoch wesentlich jüngeren Datums: Es sind wohl die Wallfahrten und Pilgerreisen, die lange vor dem christlichen Abendland bereits in Ägypten stattfanden.

Etwas zynisch, aber mit gutem Grund könnten als die ersten wirklichen Geschäftsreisen die kriegerischen Besetzungen und Vertreibungen gelten: Allein die Römer bauten Tausende von Kilometern befestigter Militärstraßen durch ganz Europa und „befriedeten" jede Menge anderer Völker.

Endgültig geschäftliche Reisemotive trieben die Seefahrer um, meist im Dienste ihrer jeweiligen Majestäten: Vasco da Gama, Vespucci, Magellan und viele andere eroberten (politisch) und plünderten (ökonomisch) bis dahin unentdeckte Teile der Welt.

Das Ende des 18. bis zur Mitte des 19. Jahrhunderts war dann geprägt von zwei Reiseformen: Die Reise in die Fremde entsprang einerseits einem wissenschaftlich-ethnologischen Interesse, das manchmal ideologisch (rassistisch) verblendet, manchmal romantisch verklärt (der schöne Wilde) daherkam.

Andererseits wurde nun das schöngeistige Reisen zum Zwecke der Bildung, intellektueller und geografischer Horizonterweiterung er-fahren; im wahrsten Sinne des Wortes, wenn auch sehr unbequem. Goethes „Italienische Reise" ist eine der ersten Bildungs-Urlaubsreisen und der bekannteste Bestseller jener Zeit. Ob Goethe bereits einen Baedeker dabei hatte, ist nicht überliefert.

Wer reist, muss übernachten. Bis zur Gründung jener öffentlichen Hotels, die diesen Namen verdienen, müssen die Gasthäuser, die neben der Gelegenheit zum Essen und Trinken auch Übernachtungsräume bereitstellten, was Hygiene, Platz, Geruch, Sicherheit anbetrifft, unvorstellbar schrecklich gewesen sein.

Ist es nicht bemerkenswert, dass das Reisen historisch eher als „Geschäftsreise" beginnt und die Vergnügungsreisen erst später folgen?

2.2 Frauen im Grand Hotel

Zum Zwecke des luxuriösen Reisens der Reichen wurden in der zweiten Hälfte des 19. Jahrhunderts, in der Belle Epoque, die Grand Hotels gegründet – der Schweizer Hotelier César Ritz ist bekanntlich einer der berühmtesten.

Und er ist auch derjenige, der sich als „Frauenversteher" bereits vor mehr als 100 Jahren seiner weiblichen Kundschaft annahm. Zwar waren ihm Geschäftsfrauen unbekannt, weshalb er den frauenfreundlichen Service auf Aussehen und Auftritt konzentrierte. Aber diese Features waren wegweisend, und manches zeitgenössische Hotel könnte sich an dem Ritz-Konzept noch ein Beispiel nehmen: Die Zimmer waren in warmen Lichttönen gehalten, die der Haut schmeichelten. César Ritz ließ mit Blick auf die Frauen private Badezimmer einbauen, damals geradezu eine Sensation und das Design der großzügig geschwungenen Treppenauf- und -abgänge bescherte dem schönen Geschlecht grandiose Auftritte und viel Aufmerksamkeit, wenn sie zum Dinner oder zur Tea Time, in weite Stoffe gewandet, herabschwebten.

Hier kommen erstmalig die Frauen ins Spiel (einmal abgesehen von den Nomadinnen der frühen Menschheit)! Denn bei allen bisher beschriebenen Reiseaktivitäten: Krieg, Eroberung, religiöse und Bildungsreisen spielten sie keine Rolle.

Aber im Grand Hotel trat das weibliche Geschlecht nun plötzlich in Scharen auf. Es versteht sich von selbst, dass diese Frauen bzw. ihre Ehemänner erstens wohlhabend waren, um sich zeitlich und finanziell solch aufwändige und teure Aufenthalte leisten zu können; und zweitens war es klar, dass die weibliche Kundschaft nicht allein reisen und im Hotel wohnen durfte. Das ging nur mit Ehemann (oder als heimliche Geliebte), mit Familienangehörigen oder einer Gesellschafterin. Um hier noch einmal auf den frauensensiblen Monsieur Ritz und seine Hotels zurückzukommen: Lady Diana Cooper, Schriftstellerin, Schauspielerin und eine der führenden Londoner High Society-Schönen ab den 1910er Jahren, soll gesagt haben, dass das Ritz das erste Hotel Londons sei, das unverheiratete Frauen ohne Anstandsdame besuchen konnten.

2.3 Geschäftsfrauen erobern die Hotels

Das Leben der Frauen hat sich seitdem sehr verändert. Das ist bekannt. Frauen reisen – und zwar immer häufiger allein, aus geschäftlichen Gründen. Was aber vielleicht noch nicht überall durchgedrungen ist: Auch heutzutage ist es für Frauen gar nicht so leicht, sich lässig und selbstverständlich in Hotels zu bewegen – insbesondere, wenn sie sich allein dort aufhalten. Wobei nun nicht mehr nur Grand- und Luxushotels gemeint sind, sondern alle Klassen von Hotels.

Wir kommen nämlich jetzt zu jener ziemlich neuen weiblichen Spezies, die geschäftlich unterwegs ist und währenddessen in Hotels wohnt: Business-Frauen. Zweifellos wirken sie nicht gerade verschüchtert, wenn sie ein Hotel betreten. Es sind die vielen kleinen Dinge und Reaktionen, die nicht gleich offensichtlich ins Auge fallen, die jedoch alle zusammen Frauenerfahrungen in und mit Hotels nachhaltig prägen. Und diese Erfahrungen unterscheiden sich im Detail und als Gesamtbild erstaunlich stark von denen der männlichen Geschäftsreisen. Wir müssen es so direkt sagen: Frauen haben viele Wünsche an Hotels, die längst nicht immer – und schon gar nicht alle – erfüllt werden. Interessanterweise unterscheiden sich die Kritikpunkte gar nicht so sehr nach der Hotelklasse. Auch die 5-Sterne-Hotels lassen einiges vermissen, was Frauen so wichtig ist. Die Ansprüche unterscheiden sich eher dadurch, dass selbstverständlich der jeweilige erwünschte Qualitätsstandard, an dem das Hotel gemessen wird, mit den Sternen höher wird.

Praxis-Tipp:
Art, Inhalt und Menge der Wünsche ähneln sich stark, gleichgültig, ob drei, vier oder fünf Sterne-Hotels. Legen Sie Wert auf eine qualitativ hochwertige Umsetzung der Wünsche, um sich so von der Konkurrenz abzugrenzen.

Gewiss ist jedem Hotelexperten bewusst, wie unzureichend das Sterne-System und wie problematisch Hotelkritiken sind. Sterne gibt es noch nicht einmal in jedem Land. Sie sind auch nicht besonders aussagekräftig, insbesondere die 4 Sterne-Kategorie umfasst eine so große Bandbreite, die von ungenügend bis fast Luxus reichen kann und sogar allgemein länderspezifisch differiert. Von der Preisspanne bei einer Sternekategorie ganz zu schweigen. Die Grenzen der Bewertung nach Sternen werden auch daran ersichtlich, diese nahezu ausschließlich „Hardware“ beurteilt wird: Zimmergröße, Anzahl der Steckdosen, Art der Verpackung von Seifenlotionen oder Body Lotion, Möblierung der Lobby usw. Ein so wichtiger „weicher“ Faktor wie Service ist nur einer unter vielen. Und zu Recht werden Hotelgäste sich überlegen, ob zum Beispiel mit Kristallen besetzte oder goldene Armaturen, durchsichtig schwebende Waschbecken ohne Ablagemöglichkeit o.ä. mangelnden Service kompensieren können.

Auch Hotelkritiken von kompetenten Profis sind nicht unbedingt zuverlässig, denn die teilweise stark divergierenden Einschätzungen unterschiedlicher Tester sind nicht so sehr ihrer subjektiven Meinung oder „launischen Stimmung“ geschuldet; vielleicht hat der eine das Hotel in ausgebuchtem, der andere in leererem Zustand erlebt, hier hat es geregnet, dort schien die Sonne, das eine Zimmer ging auf die belebte Straße(Lärm), das andere auf den ruhigen Garten – es sind viele Unwägbarkeiten, die das Hotel-Rating beeinflussen.

Die Wünsche der Hotelbesucherinnen gehen so gut wie gar nicht in die gängigen Bewertungen ein, da sie kaum wahrgenommen und manchmal auch nicht wirklich ernst genommen werden. Das ist ein Fehler, so lässt sich nun durch die Studie guten Gewissens und vor allem aus guten Gründen feststellen.

Formulieren wir etwas salopp: Hotels, deren Klientel sich überwiegend aus Geschäftsreisenden speist (und das sind zumindest in der Städten inzwischen nahezu alle), können sich bald nicht mehr leisten, Frauen sozusagen standardmäßig zu behandeln. Denn die Business-Ladies entsprechen nicht dem gewohnten Gast –

und vor allen Dingen verhalten sie sich nicht wie männliche Geschäftsreisende. Sie haben zu beträchtlichen Teilen andere Wünsche, Interessen und Bedürfnisse als diese. Noch sind die männlichen Hotelgäste in der Überzahl. Und das ist ja auch der Grund, warum Einrichtung, Ausstattung und Dienstleistung eher auf das männliche Geschlecht zugeschnitten sind. Übrigens wird hier keinesfalls unterstellt, dass das Hotelmanagement ignorant oder aber an Kundinnen nicht interessiert sei. Bisher ist lediglich das Bewusstsein häufig noch nicht genügend geschärft, um die Ansprüche der weiblichen Gäste als spezifische zu erkennen.

Die Frage, ob Männer und Frauen den gleichen Design- und Serviceanspruch an ein Hotel insgesamt und das Zimmer im speziellen haben, lässt sich mit einem eindeutigen „Nein" beantworten: Besonders, wenn sie geschäftlich reisen, verhalten sich Frauen deutlich anspruchsvoller.

Eine neue Klientel macht sich auf, die Hotels zu bevölkern. In den vergangenen fünf Jahren hat sich die Zahl der aus Geschäftsgründen reisenden Frauen verdoppelt.

Geschäftsübernachtungen bringen automatisch das Reisen in andere Städte und Länder mit sich Seit 1998 existiert das sich geschlechtsneutral gebärdende „Lufthansa Magazin", das jedoch bei genauerer Betrachtung deutlich auf die immer noch zahlreichere männliche Klientel abgestellt ist. Dann hat die Fluggesellschaft die zunehmende Zahl fliegender Frauen erkannt und 2005 ein eigenes Magazin für Frauen gegründet: Die viermal jährlich erscheinende „woman's world" hat es nach einem Relaunch in 2008 geschafft, sich als Lifestyle-Magazin der vielreisenden Business-Frau eine stark beachtete Alleinstellung auf dem schwer umkämpften Zeitschriftenmarkt zu sichern. Bestimmte Aspekte sind interessanterweise ähnlich gelagert wie die, die für eine die weiblichen Bedürfnisse berücksichtigende Hotelkultur gelten. Und man kann davon ausgehen, dass Lufthansa das Geld bestimmt nicht zum Fenster hinauswirft – der große Erfolg gibt dem Unternehmen Recht. Insofern ist die Strategie von „woman's world" durchaus als Konzept zu verstehen, das für Hotels als Orientierung dienen könnte – zumal in dem Magazin immer auch ausführlich über besondere Hotels berichtet wird.

Und da das Hotelgeschäft in Zukunft nicht einfacher werden wird, die Konkurrenz groß, die ökonomischen Restriktionen existent sind und die Breite des Angebots wächst, birgt die Hinwendung zu der weiblichen Zielgruppe enormes Potenzial: Die Erhöhung der Belegungen bzw. des Umsatzes durch die Hinzugewinnung weiblicher Gäste.

Frauen, die sich in einem Hotel besonders willkommen geheißen fühlen, gehören zu den treuesten Kundinnen, die kommen wieder und empfehlen das Hotel gern weiter.

2.4 Frauensensible Hotels

Hotels in Deutschland beginnen erst seit neuestem und noch zögerlich, weibliche Gäste zu bemerken, die allein und aus Geschäftsgründen unterwegs sind. In anderen Ländern, besonders in den USA, aber auch in einigen asiatischen und arabischen Ländern sowie in einzelnen Häusern, z. B. in London, Zürich, Barcelona, werden einzelne frauenspezifische Services oder Ausstattungen offeriert, aber ein generelles Bewusstsein über die Bedeutung weiblicher Hotelgäste hat sich auch dort noch nicht eingestellt.

> Hotels, wollen sie auch in Zukunft erfolgreich sein oder sich noch erfolgreicher platzieren, müssen sich auf die Zielgruppe Geschäftsfrauen einstellen. Auch für viele Servicebereiche und zuliefernde Unternehmen (Gastronomie, Möbel-, Licht-, Kosmetik-, Badhersteller, um nur einige zu nennen) kann das Angebot von Produkten für weibliche Geschäftsreisende eine lukrative Ergänzung der Produktpalette bedeuten.

In den USA existiert eine zwar informelle, aber durchaus bekannte Kategorie der „female friendly"-Hotels. Nur zeigt sich auch hier, dass die Begründung der Frauenfreundlichkeit von Selbstverständlichkeiten und Banalitäten über mehr oder minder an Frauen orientierten Gestaltungsmerkmalen bis zu vereinzelten Services reicht. Am häufigsten wird die Sicherheit hervorgehoben, jedoch überwiegend als reine Behauptung, die nur vor Ort nachzuprüfen wäre: Da wird verwiesen auf „safe, clean and comfortable accomodation" oder darauf, dass „guests are made feel at home in our secure Townhouse Hotel..."; oder es wird geworben mit „free shampoo and conditioner" (!) und „not to forget the tea and coffee in bed in the morning...". Nun sind dies ja alles Merkmale, die für jedes einigermaßen seriöse Hotel gelten, nichts Besonderes also. Interessant ist dann aber doch etwas: Wie im weiteren Verlauf dieser Publikation erläutert wird, gehören bestimmte keywords durchaus zum spezifisch weiblichen Vokabular.

> **Praxis-Tipp:**
> Frauen schätzen ernsthafte, ganzheitliche und sensible Dienstleistungen, das gefühl von Sicherheit, eine Art zweites Zuhause, Fußweite zum Shopping, „sich-verwöhnen-lassen" etc. Verwenden Sie daher in Ihren Beschreibungen zur „Frauenfreundlichkeit" Ihres Hotels solche Wörter an strategisch günstigen Stellen.

Der Begriff „frauenfreundlich" allerdings ist nicht sehr glücklich gewählt: einerseits suggeriert er, dass alle anderen Hotels, die sich nicht so nennen, frauenfeindlich seien; und andererseits ähnelt „female friendly" aus der Perspektive der Frauen womöglich sogar ein wenig dem „dogs are welcome" – und das wäre ja eine vollkommen kontraproduktive Formulierung!

Mit anderen Worten: Um Hotels für Geschäftsfrauen besonders einladend und attraktiv zu präsentieren, genügt es nicht, den Coffeemaker im Zimmer und die sichere Lage des Hotels anzupreisen (obwohl dieses durchaus zwei Merkmale unter sehr vielen anderen sein können). Es bedarf einer genauen und sensiblen Strategie, um die Wünsche der Frauen in ihrer Gesamtheit, also ganzheitlich, zu verstehen und zu verdeutlichen, dass sie ernst gemeint sind.

Drei Wörter sind hier gefallen, die nicht zu unterschätzen sind:

- **Sensibilität:** Das ist einer der Schlüsselbegriffe, wenn es um die Kommunikation mit Frauen geht! In der Geschlechterforschung als „gendersensible" Vorgehensweise bekannt, gilt unbedingt auch im Umgang des Hotelpersonals mit dem weiblichen Gast. Sensibilität mag zu Anfang anstrengend sein, gilt es doch, erst einmal zu identifizieren, wo auf Frauen in besonderer Weise eingegangen oder wo spezielle Dienstleistungen und Hilfen angeboten werden sollten. Sobald darüber ein geschärftes Bewusstsein des Hotelmanagements existiert, sollte dieses an die Hotel- mitarbeiterinnen und -mitarbeiter vermittelt werden. Aber auf eine Weise, die Frauen nicht bevormundet oder sie wie unbedarfte bzw. beschützenswerte Kreaturen behandelt.
- **Ganzheitlichkeit:** Weibliche Hotelwünsche bestehen zwar aus vielen kleineren und größeren Details, die bedacht sein wollen, noch wichtiger aber ist die Gesamtanmutung, die sich den Frauen atmosphärisch vom Eintritt in das Hotel idealtypisch sofort als angenehm vermittelt. Denn Frauen (nicht nur als Hotelgäste) denken und handeln stärker integriert, vernetzt, holistisch als Männer. Letztere können besser abspalten, zerlegen und sind entsprechend auch mit einzelnen Dingen oder Services leichter zufrieden zu stellen.
- **Ernsthaftigkeit:** Frauen wollen in ihren spezifischen Bedürfnissen ernst genommen werden. Das klingt selbstverständlich, ist es aber nicht immer. Denn die Klientinnen sind in der Lage, sehr genau zu unterscheiden zwischen aufgesetzter oder standardisierter Höflichkeit und dem echtem Bemühen, ihnen gerecht zu werden.

  Der Balanceakt ist sicher nicht immer einfach zu bewerkstelligen, ist aber so essenziell, dass sich die Mühe lohnt. – Im weiteren Verlauf dieser Publikation wird noch öfter auf diese Ambivalenz hingewiesen: Frauen wollen nicht bewusst eine Sonderbehandlung als Frau erfahren – aber insgeheim doch! Nur möchten sie nicht darauf hingewiesen werden, dass dieses und jenes deshalb geschieht, weil sie Frauen sind. (Es ist eben doch nicht nur ein reines Vorurteil, wenn Frauen als das kompliziertere Geschlecht gelten!)

3 Die Studie

3.1 Qualitative Methoden

Das vorliegende Buch basiert auf einer extensiven empirischen Untersuchung, die mit unterschiedlichsten qualitativen und quantitativen Methoden durchgeführt wurde (vgl. Abschnitt 3.2).

Ich möchte gleich darauf hinweisen, dass unsere Untersuchung nicht mit sehr großen Zahlen aufwartet und nicht (im Sinne mathematisch-statistischer Erhebungen) repräsentativ ist. Aber es braucht keine Enttäuschung aufzukommen, denn dafür hat unsere Studie den enormen Vorteil, dass sie mit ihrem Methoden-Mix sehr viel besser subtile, emotionale und ambivalente Tendenzen herausarbeiten konnte, die gerade bei diesem Thema sehr offensichtlich sind. Ein weiterer Vorteil: die Zielgruppe (das Sample) war absolut fokussiert auf real existierende Business-Frauen, wir hatten sozusagen keinen Verlust durch nicht in das Sample passende Frauen. Und wir haben uns nicht nur auf die eine Gruppe konzentriert, deren Wünsche zu identifizieren waren, sondern haben durch Perspektivenwechsel andere Personen und Situationen mit einbezogen, um ein vollständigeres Bild von den Geschäftsfrauen zu erhalten.

Die Erfahrung lehrt, dass empirische Erhebungen, besonders, wenn sie mit (Prozent)Zahlen bestückt sind, sich großer Beliebtheit erfreuen. Irgendwie scheinen Zahlen Sicherheit zu geben, und man kann mit dem Verweis auf sie Vieles legitimieren: Zahlen wirken so schön objektiv. Denken wir nur an Unternehmen, die bereitwillig (selbst in Krisenzeiten!) viel Geld für Marktforschung und Labortests ausgeben. Und dann meinen, sich in Sicherheit wiegen zu können, welche Strategien hinsichtlich ihrer Produkte und Dienstleistungen sie einschlagen sollten. Wenn empirische Forschung so einfach wäre, dürfte es ja gar keine Flops mehr im Markt geben; aber es gibt mehr Flops als Erfolge, und daran zeigt sich die Unwägbarkeit quantitativer, insbesondere repräsentativer Erhebungen.

3.2 Methodisches Vorgehen

Wie sind wir vorgegangen, um zu den hier präsentierten Ergebnissen und Analysen zu gelangen?

> Wir möchten an dieser Stelle deutlich darauf hinweisen, dass alle Forschungsresultate selbstverständlich sofort anonymisiert wurden. Das gilt für die beteiligten und befragten Hotels ebenso wie insbesondere für die Hotelgäste, Interviewpartnerinnen und -partner.

Literaturrecherche

Auffällig war, dass die Literaturrecherche hinsichtlich der Informationen über unsere Zielgruppe – Frauen in Hotels überhaupt nicht ergiebig war. Und noch enger auf allein reisende Geschäftsfrauen bezogen, fand sich so gut wie gar nichts. Das bestärkte uns in der Gewissheit, auf ein wirklich wichtiges Thema gestoßen zu sein.

Fragebogen

In einem nächsten Schritt konzipierten wir einen Fragebogen, der gezielt an typische Geschäftsfrauen (also solche, deren Berufe häufige Business-Reisen bedingen) versandt wurde.

150 Frauen im Alter zwischen 25 und 65 Jahren wurden per e-Mail angeschrieben. Die Rücklaufquote lag hier bei überragenden 100 %! Das ist vollkommen ungewöhnlich und bezeugt noch einmal das große Interesse an diesem Thema. Das Sample war international, allerdings stammte die größte Gruppe aus Deutschland. Insgesamt antworteten Frauen aus folgenden Ländern:

- Deutschland
- Schweiz
- Österreich
- Italien
- Frankreich
- England
- USA
- Japan
- Taiwan
- HongKong.

Die Fragenkomplexe bezogen sich auf:

- Was wird vermisst/detaillierte Wünsche rund um Zimmer und Bad
- Erwünschte Services während An-/Abfahrt
- Einstellung zu „Women only“-Räumen
- Butler-/Hausdamenservice
- Aufenthalte und Tätigkeiten außerhalb des Hotels und außerhalb der geschäftlichen
- Aktivitäten
- Service: Frauen-Online-Forum, Begleitperson für Sightseeing, Dinner etc.
- Ängste/Unsicherheiten
- Differenzen Business-/Privatreisen
- Anzahl der mitgebrachten Kleidungsstücke

Praxis-Tipp:
Für zukünftige Befragungen Ihrer weiblichen Hotelgäste finden Sie das Muster eines Fragebogens im Anhang dieses Buchs.

Eine erste Übersicht über die Antworten ergab zweierlei: eine enorme Fülle an Wünschen und Kritiken, die von kleinen Details und Objekten bis zu Atmosphäre und Service reichen; und eine erstaunlich große Übereinstimmung der Frauenvorstellungen. Die meisten Differenzen, die übrigens deutlich kulturbedingt sind, finden sich in Bezug auf Sicherheit und „Women-only"-Features.

Die schriftlichen Antworten wurden dann vor Ort überprüft und differenziert. Dazu wurden intensive verdeckte Beobachtungsstudien in ausgewählten Kölner 3-, 4- und 5-Sterne Hotels in Citylage durchgeführt.

Beobachtungsstudien
Beobachtet wurden hierbei öffentlich zugänglichen Räumen des Hotels:

- Hotel-Lobby (inklusive Rezeption)
- Frühstücksraum
- Bar.

Die unter wissenschaftlichem Aspekt beobachteten Personen – mit dem Fokus auf weibliche Gäste) – wussten nicht, dass sie beobachtet wurden. Sonst hätten sie sich nicht so verhalten, wie sie das normalerweise tun. Zum Vergleich wurden auch männliche Hotelgäste als Studienobjekte herangezogen.

Selbstverständlich geschahen die Beobachtungen mit offizieller Einwilligung des jeweiligen Hotelmanagements. Die hohe Bereitschaft zur Unterstützung der Studie das große Interesse und Vertrauen der Hotelverantwortlichen, das uns entgegengebracht wurde, war eine äußerst erfreuliche Erfahrung. Lediglich ein Hotel hatte seine Erlaubnis verweigert.

Dies ist eine höchst aufschlussreiche qualitativ-empirische Methode, um herauszufinden, wie Menschen sich verhalten (hier: im Hotel), wie sie in welchen Situationen mit den Dingen und anderen Menschen kommunizieren. Weil das Feld, die Situation so offen ist und es auch als solches erhalten werden soll, ist eine genaue Vorbereitung so wichtig. Systematische, wissenschaftliche Beobachtung erfordert einen organisierten Prozess und einen Plan. Es muss festgelegt werden, was, wann, wo, wie und in welchem Zeitrahmen oder Intervall beobachtet wird und wie die Observationen zu dokumentieren sind (vgl. im Anhang Fragebogen Verdeckte Hotelbeobachtung). Beobachtungsforschung richtet sich auf die Interaktion zwischen Menschen oder Menschen und Objekten bzw. Situationen als sinnliche, nicht verbale, Wahrnehmung.

Befragungen

Während die eine Forschungsgruppe beobachtete, befragte die andere in Zweier-Teams das Hotelpersonal zu geschlechterspezifischen Verhaltensmerkmalen, und zwar:

- Hotelrezeptionistinnen und -rezeptionisten
- Concierges
- Kellnerinnen und Kellner
- Barkeeperinnen und -keeper
- Housekeeping.

Anhand eines kurzen Gesprächsleitfadens wurden die Gespräche mit den Hotelangestellten normalerweise in deren Pausen geführt. Alle Beschäftigtengruppen konnten wesentliche Gäste-Beobachtungen beisteuern, sind sie doch in den meisten Fällen geschult, auf Reaktionen zu achten. Auch hier stellte sich heraus, dass, mit zwei Ausnahmen, alle Bediensteten ohne zu zögern Geschlechterunterschiede im Verhalten ihrer Gäste plastisch benennen konnten (vgl. im Anhang: Schlüssel-Statements Hotelangestellte).

Diese in den ausgewählten Kölner Hotels angewandten empirischen Methoden waren allesamt qualitativer Art: statt in die Breite (große Zahl) untersuchten wir intensiv in die Tiefe.

Nachdem wir bei den Hotelleitungen der ausgewählten Häuser in Köln auf so großes Interesse und bereitwillige Unterstützung gestoßen waren, hatten wir angenommen, dass sich dies so fortsetzen würde. Also schickten wir eine beträchtliche Anzahl (ca. 300) von Fragebögen an die Hotelleitungen und teilweise an die Kommunikations- und Public Relations-Abteilungen europäischer 3-, 4- und 5-Sterne-Hotelketten/-brands, um folgendes zu eruieren:

- Einschätzung Anteil alleinreisender Geschäftsfrauen
- Einschätzung geschlechtsspezifisches Verhalten
- Relevanz frauenspezifischer Services
- Angebot im eigenen Haus
- Kommunikation nach außen / Einschätzung frauenspezifischer Zertifizierung.

Hotels, die noch keine frauenspezifischen Services anbieten, neigten dazu, sich nicht zu äußern; oder mit dem Hinweis auf den noch nicht abgeschlossenen Prozess der Umstellung auf Frauen den Fragenbogen nicht zu beantworten.

Im Gegensatz zu den so engagierten Antworten der Business-Frauen fiel das Ergebnis der Befragungen der Hotels im europäischen Raum überraschenderweise recht mager aus: Die Rücklaufquote lag bei nur etwa 15 %, die Antworten waren teilweise einsilbig, skeptisch, manchmal sogar ein wenig abwehrend oder legitimatorisch.

Die genauere Analyse legt die Annahme nahe, dass sich viele Hotels bis zum Zeitpunkt der Befragung noch nicht mit diesem Aspekt des Hotelgeschäfts befasst hatten. Aus Imagegründen aber wollte die Führungsetage dieser Hotels dies nicht so deutlich kommunizieren. Verständlich, wenn solch ein Hotel im Rahmen unserer Veröffentlichung nicht so gern als eines dastehen möchte, das sich noch nie Gedanken über alleinreisende Geschäftsfrauen gemacht hätte! Obwohl wir den Hotels anheim gestellt hatten, ob ihr Namen und die Stadt genannt werden sollten, entschlossen sich offenbar dann viele doch, so ist zu vermuten, auch auf Nachfrage lieber gar nicht zu antworten.

Einige wenige Hotels entschieden sich für eine elegante Absage: Da sie gerade dabei seien, ihre Services in Bezug auf Frauen zu überprüfen oder zu erweitern, bäten sie um Verständnis für die Nichtbeantwortung des Fragebogens; denn gegenwärtig könne man noch keine Ergebnisse vorweisen.

Aber auch solche Anmerkungen sind ja durchaus aussagekräftig.

4 Buchen und Reservieren

Nun beginnt jeder Aufenthalt im Hotel normalerweise damit, dass das Hotelzimmer gebucht wird. Wobei sogleich bedacht werden sollte, dass im Zusammenhang mit Geschäftsreisen die Mehrzahl solcher Buchungen von Frauen durchgeführt wird – derzeit nämlich etwa 80 %, und dies sogar noch mit steigender Tendenz. Denn diejenigen, die dafür tätig werden, sind Assistentinnen und Sekretärinnen, Mitarbeiterinnen in den Reise-Abteilungen großer Unternehmen und dann noch die (Geschäfts-) Frauen, die – anders als Männer – gern für sich selber buchen.

Dass an dieser Stelle so viele Frauen tätig sind, ist leicht begründbar:

- Frauen handeln einfach verantwortlicher, umsichtiger, zuverlässiger und präziser – und genau dies traut man ihnen allgemein ja auch zu;
- was wiederum ganz realistisch schon aus der Erziehung von Töchtern erklärbar ist, da diese stets dazu angehalten werden, aufmerksam, verantwortlich, ganzheitlich und so zu handeln, dass sie immer das Ganze und alle Konsequenzen im Blick haben;
- das macht andererseits aber auch, dass sie bestimmte Situationen (eben nicht beim Shopping, beim Friseur oder bei Wellness, wohl aber in ihnen offenbar unbekannteren Kontexten) nicht gewohnt und deshalb womöglich verunsichert sind, bestimmte Dienstleistungen in Anspruch zu nehmen;
- zudem könnten sie gelegentlich die Sorge haben, dass ihnen über Dienstleistungen Kompetenzen weggenommen werden, die traditionell den Frauen zugeeignet sind.

Übrigens gilt all das weitgehend auch für Privat- und Familienreisen, da hier die Männer meist die Verantwortung scheuen und sie gerne den Frauen überlassen – die dann notfalls dafür gerügt werden können, wenn das Domizil nicht den Ansprüchen und Wünschen entsprechen sollte. Frauen wiederum nehmen diese Aufgabe offenbar sehr gern an, weil sie sowohl ihrem Verantwortungsbewusstsein entspricht, ihnen eine deutlich sichtbare wichtige Aufgabe zuweist und ihnen damit selbst somit Wichtigkeit verleiht.

Was aber verlangen die Frauen bei den Buchungen und Reservierungen – wobei sowieso davon ausgegangen werden muss, dass diese mittlerweile zu einem großen Teil online stattfinden:

- Sie möchten, dass man sie willkommen heißt – und dass man sie gegebenenfalls am Telefon, aber auch online, wiedererkennt;
- sie verlangen, dass man sich ihnen, wenn es denn um eine telefonische Buchung geht, auch tatsächlich widmet, sie also nicht nebenbei und nervös bloß abhandelt;

- zugleich verlangen sie Geschwindigkeit und Präzision: Sie handeln nicht gern über Preise, mögen kein allgemeines Schwadronieren, sondern wünschen klare Auskünfte, transparente Angebote oder spezielle Arrangements und vernünftige Beschreibungen der Zimmer und Dienstleistungen, die möglichst schon ihre Bedürfnisse und Wünsche als Frau und als Individuum antizipieren;
- sie verlangen Verbindlichkeit.

Bei Online-Buchungen kommen noch einige Faktoren dazu:

- Sie mögen keinen digitalen Spielereien, also keine Animationen, die man sich ständig betrachten muss, die nur Zeit kosten und spätestens beim dritten Anschauen sowieso nur noch stören;
- verlangt werden klare Informationen, sinnvolle Links und Abbildungen, die seriös wirken;
- auch online wünschen sich Frauen, menschlich und persönlich angesprochen zu werden und genau jene Informationen zu erhalten, die sie als Frau schätzen.

Frauen sind nicht komplizierter, denken und handeln jedoch komplexer und stets in der Erfahrung von Zusammenhängen.

Begründungen für diese weiblichen Verhaltensweisen und Vorstellungen sind relativ leicht zu finden:

- Frauen handeln im Umgang mit Dienstleistungen (abgesehen von denen, die oben schon erwähnt wurden) pragmatischer und zielgerichteter;
- Sie sind ungeduldiger und mögen in den Zusammenhängen, die kein Vergnügen bereiten, keine Zeit vergeuden – denn weil sie so häufig gefordert sind, Beruf und Haushalt oder zumindest dessen Koordination zusammenzubringen, haben sie frühzeitig und sowieso historisch gelernt, Zeit sinnvoll zu nutzen;
- Frauen möchten ernst genommen werden – das wird ihnen niemand absprechen, aber in diesem Punkt agieren sie normalerweise sensibler als Männer;
- deshalb sind sie auch skeptisch gegenüber großartigen Versprechungen und misstrauisch gegenüber allzu schönen Bilderwelten;
- umso mehr wünschen sie sich zum Beispiel, persönlich angesprochen und möglichst wiedererkannt zu werden.

Lösungs-Vorschläge:

Eigentlich sind dies ja alles Wünsche, die gar nicht so schwer einzulösen sind, wenn man sie nur ständig bedenkt und in der Aus- und Weiterbildung des Personals umsetzt:

- beim Telefonieren im Rahmen von Reservierungen sich auf dieses Gespräch konzentrieren, statt es nebenbei abzuwickeln;
- am Telefon kompetent handeln; denn auch solche weiblichen Forderungen und Ansprüche sind standardisierbar, nur müssen diese Standards eingeübt und – wichtig! – nicht als Standards vorgetragen werden;

- während des Gesprächs in der Lage sein, sich sofort darauf einzustellen, dass am anderen Ende eine Frau spricht und (spätestens, wenn der Name des Gastes klar ist – sonst reicht eine kurze Nachfrage) einem weiblichen Gast einige andere und zusätzliche Features anbieten;
- also: freundlich, präzise, konkret, transparent, redlich und ohne Umschweife sprechen und verhandeln.

Alles dies gilt ebenso für die Website:

Frauen sind kritischer, vielleicht sogar misstrauischer, was Websites anbelangt. So glauben viele Webnutzerinnen, dass von Internetangeboten für Frauen vor allem die Vermarkter profitieren, weil sie so ihren Werbekunden genau fokussierte Zielgruppen anbieten könnten. Deshalb müssen Hotels auch hier sensibel und klug vorgehen: Frauen also weder unterschätzen, noch weibliche Klischees reproduzieren. Wie erwähnt, denken und handeln Frauen ganzheitlicher als Männer, und so sollen Interessen und Bedürfnisse aus ihrer gesamten Lebenswelt angesprochen werden. Technische Details sind eher Nebensache, auf Übersichtlichkeit und Benutzerinnenfreundlichkeit legen sie großen Wert. Das Interface sollte verbessert werden, Such- und Hilfsfunktionen sind wichtig. Bevorzugte Werkzeuge der Frauen sind im Internet E-Mails und Diskussionsforen, denn Frauen sind interessiert an den sozialen und kommunikativen Aspekten des Datennetzes: Social Networking steht für Business-Frauen ganz oben auf der Web-Wunschliste. Und bloß keine aufdringliche Werbung! Pop-up-Fenster sind Tabu, wenn nötig, dann wird Bannerwerbung noch eher akzeptiert. Schließlich spielt für Frauen der Datenschutz eine große Rolle: Sie wollen wissen, was mit ihren Daten geschieht.

Gestalten Sie daher Ihre Website informativer, klarer, verbindlicher, offener, also kommunikativer.

Hotels, die solche Kriterien beachten und die ihre Homepage mit zusätzlichen Services für ihre Klientinnen ausstatten, werden damit ein deutliches Plus verbuchen können: Warum nicht auf der Hotelseite Buttons hinzufügen, mit denen vorab bestimmte Wünsche angegeben werden können? Zum Beispiel die Frage nach einem „Kissen-Menu“ (anti-allergisch etc.) oder aber, ob Interesse daran besteht, mit anderen Geschäftsfrauen, die zur selben Zeit in dem Hotel nächtigen, Kontakt aufnehmen zu können, bzw. einen gemeinsamen Tisch zum Frühstück oder Abendessen zu reservieren. Dabei sind einige Service-Angebote für beide Geschlechter geeignet – auch wenn sie Frauen zweifellos wichtiger sind –, andere könnten tatsächlich durch Anklicken des Geschlechts (weiblich/männlich) gleich zu Beginn in verschiedene Untermenus der Homepage führen. Wobei „weiblich“ auf keinen Fall eine simplere oder gar rosafarbene Gestaltung meint: So einfach lassen sich Frauen ja gerade nicht abspeisen. Sondern hier geht es, wie erwähnt, um präzise, klare, freundliche, serviceorientierte Informationen, die zusätzlich frauenspezifische Belange ansprechen sollten. Was womöglich erst einmal ungewohnt oder gar übertrieben wirken mag, kann sich sehr schnell zu einem Clou entwickeln.

Praxis-Tipp:
Frauen möchten nicht ausdrücklich als Frauen angesprochen werden – heimlich aber doch. Das heißt: Frauen mögen keine Angebote, die ihnen als Frauen, sozusagen als weibliche „Extrawurst", gemacht werden, obwohl sie Objekte und Dienstleistungen schätzen, die auf sie als Frauen zugeschnitten sind. Das klingt komplizierter, als es ist: Es handelt sich hier um eine subtile Strategie, die Frauen und ihre Wünsche ernst nimmt, sie so weit wie möglich zur Zufriedenheit erfüllt, aber ohne darauf demonstrativ hinzuweisen.

Ein Beispiel aus einem anderen Bereich: Selbstbewusste Frauen mögen keine kleinen roten Sportwagen, weil kleine rote Sportwagen als frauentypisch gelten!

5 Hotel-Verortung

Wenn es um Geschäftsreisen geht, achten Frauen auf eine gute und verkehrsgünstige Lage des Hotels. „Gut" meint hier ein Hotel, das in einem mindestens gediegenen Stadtviertel angesiedelt ist, da Frauen sich sonst verunsichert fühlen, insbesondere, wenn sie nach getaner Arbeit abends vielleicht noch einmal das Hotel verlassen möchten. „Verkehrsgünstig" bedeutet den weiblichen Reisenden nicht unbedingt die Nähe zu dem Ort ihres Geschäfts, sondern ein Viertel, das eine gute Infrastruktur aufweist: Vielleicht ein paar nette Lokale in der Nähe oder Wege, die zu kurzen sicheren Spaziergängen einladen, und eine gute Anbindung, um schnell oder auch mit dem öffentlichen Nahverkehr unkompliziert von hier (Hotel) nach dort (zum Businesstermin oder zu einem Restaurant oder zum Bahnhof) zu kommen. Viele Interviewpartnerinnen äußerten die Einschätzung, dass das Hotel selbst gut und funktional sein solle, aber keine außergewöhnlichen Features aufweisen müsse. „Guter Business-Standard" war eine häufig gebrauchte Formulierung. Wobei dieser „Standard" allerdings sehr wohl mit Begriffen wie „perfekt", „funktionsgerecht", „zuverlässig" und „guter technischer Standard" zusammengebracht wurde. Die befragten Frauen benannten ausdrücklich, dass sie bei Business-Reisen deutlich weniger Geduld bei Fehlern oder Verzögerungen seitens des Hotels aufbringen als bei privaten Reisen. Schließlich seien sie oft gestresst, manchmal unter Zeitdruck, müssten sich auf ihre Arbeit konzentrieren und haben deshalb wenig Verständnis für Störungen oder Unperfektes.

6 Check-in

6.1 Gepäck-Service

Selbstverständlich halten nicht alle Hotels einen Gepäck-Service bereit. Wo er jedoch existiert, sind drei Aspekte besonders zu beachten:

- Frauen reisen grundsätzlich mit mehr Gepäck und sind zugleich körperlich meist schwächer als Männer. Unsere Studie ergab, dass die weiblichen Business-Reisenden im Durchschnitt pro Tag, den sie im Hotel verbringen, je ein Outfit für den Tag und eines für den Abend sowie ein weiteres Teil „zum Kombinieren" mit auf ihre Reise nehmen. Eine durchaus beachtenswerte Minorität steckt sogar noch mindestens ein Kleidungsstück mehr in den Koffer – „für Unvorhergesehenes" jeder Art.
- Deshalb befürworten Viele einen aufmerksamen Service, der sie selber am Auto oder Taxi sofort, sicher und freundlich abholt und das Gepäck in Empfang nimmt. Auffällig allerdings ist, dass die Altersgruppen der jüngsten (25–29 Jahre) und der ältesten (50–65Jahre) Befragten dem Bellman skeptisch bis verunsichert gegenüberstehen. Erstaunlicherweise ähneln sich die Gründe der Ablehnung ausgerechnet bei den beiden Gruppen, die sich ansonsten in ihren Ansichten stark unterscheiden: Die jungen Frauen wollen keinen Gepäckservice, weil ihnen dieser noch fremd ist: Schließlich sind ihnen die Backpacker-Hotels noch sehr nahe, die sie vor kurzem noch in ihren Schul- und Semesterferien bevölkerten. Insofern ist es ihnen peinlich, sich das Gepäck „wie von einem Diener" tragen zu lassen.

  Verunsicherung und Peinlichkeit bringt auch ein Teil der älteren Geschäftsfrauen vor. Sie sind in einer Zeit aufgewachsen, in der es noch nicht viel Service in Hotels gab, sie also bescheidene Zustände vorfanden (ausgenommen in Grand Hotels, aber dort waren die Wenigsten in ihrer Kindheit oder Jugend abgestiegen). Und solche Erfahrungen sind eben bei einigen der 50–65 Jährigen so prägend, dass sie sich an solch einen Gepäckservice nicht gewöhnt haben.

  Der andere Teil der älteren Geschäftsfrauen lässt diesen Service sozusagen nur rationalisiert zu: aus Gründen der Gesundheit, weil sie in ihrem Alter nicht mehr so viel oder schwer tragen wollen bzw. könnten!
- Eigenartig ist überdies, dass alle Frauen immer ein Gepäckstück bei sich haben, an das sie niemanden heran lassen mögen: die Handtasche – die allerdings manchmal eine erstaunliche Größe annehmen kann. Die Handtasche ist für Andere, insbesondere für Männer, Tabu. Also niemals anbieten, auch die Handtasche zu tragen, es sei denn, die Frau wünscht dies ausdrücklich.
- Frauen sind besorgter um ihre eigene Sicherheit und auch um die ihres Gepäcks: Das Gepäck sollte deshalb beim Check-in sichtbar und dementsprechend in einiger Nähe zur Rezeption bleiben.

Übrigens: Frauen geben dem Gepäck-Träger ungern und deutlich seltener als Männer ein Trinkgeld. – Es ist wichtig, die wirklichen Gründe für dieses Verhalten zu verstehen:

Das geschieht nämlich nicht deshalb, weil sie geiziger als Männer sind, sondern wieder einmal, weil sie sich unsicher fühlen, diesen Prozess der Danksagung (noch) nicht alle verinnerlicht haben.

Hier treffen wir auf ein Phänomen, das sich auch in anderen Bereichen wiederholen wird: Frauen sind historisch – und das spiegelt sich auch individuell immer noch – noch nicht sehr lange in der Position, als Businessfrauen allein zu reisen und in Hotels zu übernachten. Das ist eine relativ neue Entwicklung, die ja entsprechend auch in erst in der letzten Zeit deutlich wird. Denn über Jahrhunderte und bis vor kurzem waren Frauen allein in der Öffentlichkeit nahezu unsichtbarund als Managerinnen gar nicht vorhanden. Für viele Männer bereits zur Routine gewordene Aktionen sind für Frauen eben noch nicht gewohnt und normal.

Ein weiterer Grund für das mangelnde Tipping beim Gepäck-Service: Das Trinkgeld geht von einem Geschlecht auf das andere über. Frau drückt Mann Geld in die Hand. So betrachtet, wird vielleicht besser verständlich, warum hier für viele Frauen eine weitere Peinlichkeit in dieser Geste liegt. Von Mann zu Mann ist das viel unkomplizierter, und es werden von beiden Seiten nicht allzu viel Gedanken darauf verschwendet.

Und schließlich kommen noch ganz praktische Gründe hinzu: Bei Frauen reicht selten der Griff in die Hosen- oder Jackett-Tasche, um entsprechende Münzen schnell zur Hand zu haben, vielmehr müssen sie umständlich in ihrer Handtasche nach einem Portemonnaie kramen – und diese Umständlichkeit trägt nur noch zur weiblichen Verunsicherung bei. Außerdem: bis das gelungen ist, haben sich die Bellmen meist schon verflüchtigt.

Gewiss könnten Männer trefflich darüber streiten, ob so viel Gepäck notwendig ist – aber das ist nutzlos und unterschätzt außerdem die Sorgfalt, zu der sich hin und wieder eine gewisse Ängstlichkeit gesellt, mit der Frauen mit Kleidung umgehen und wie sehr sie ebenso die Verkleidung schätzen. Selbst wenn sie am Ende der Reise feststellen – und das in den Interview auch zur Sprache kommt –, dass sie womöglich nur die Hälfte genutzt haben, stört sie das überhaupt nicht und führt auch zu keinem veränderten Verhalten bei der nächsten Reise: waren sie doch für und auf alle Fälle vorbereitet!

Sicherheit ist ein Aspekt, der in der vorliegenden Studie häufig genannt werden wird. Tatsächlich ist Sicherheit für Frauen auf unterschiedlichsten Ebenen sehr wesentlich, sind sie doch allzu häufig zumal aufgrund ihrer vermeintlichen körperlichen Schwäche das Ziel von Diebstahl oder gar körperlicher Gewalt. Mithin gehört schon früh zur weiblichen Sozialisation, sehr viel Wert auf Sicherheit zu legen und sich möglichst abzusichern. Das mag sogar gelegentlich etwas übertrieben erscheinen, ist es aber keineswegs angesichts so vieler Straßendiebstähle – auch wenn zweifellos Business-Hotels sorgfältig darauf zu achten versuchen, dass in ihren Räumlichkeiten möglichst keine Diebstähle vorkommen.

Lösungs-Vorschläge:

Die Lösungen liegen auf der Hand:

- ein gut ausgebildeter, kräftiger, aufmerksamer Gepäck-Träger, der um diese Sachverhalte weiß;
- er sollte sich mitsamt Gepäck stets in der Nähe des weiblichen Gastes aufhalten und das Gepäck am Empfang weiterhin deutlich beaufsichtigen;
- und: keineswegs die Handtasche temporär in Besitz nehmen;
- zugleich sollte er möglichst sensibel auf die Zurückweisung eines Gepäck-Services reagieren und nicht versuchen, seine Dienstleistung gegen den Willen der Klientin durchzusetzen.

7 Der Empfang

Frauen lieben das Gefühl, seriös und persönlich empfangen zu werden: Denn das tut gut, schafft Vertrauen und Sicherheit und das wichtige Gefühl, gewürdigt und ernst genommen zu werden:

- Sofern die Geschäftsfrauen im eigenen Auto anreisen, beginnt Sicherheit bereits mit dem Angebot, das Auto zu parken. Einen Parkservice, Valet Parking, wünschen sich viele Frauen und benennen dies auch ausdrücklich. Denn sie sind nicht erpicht darauf, sich allein in einer Parkgarage zu bewegen, besonders dann, wenn sie abends ankommen.
- Vom Anbeginn des Aufenthalts im Hotel ist sehr wichtig, das Vertrauen der weiblichen Gäste zu gewinnen, denn das ist bedeutsamer als gemeinhin angenommen. Frauen reagieren viel stärker und schneller, zwischen empfindlich und misstrauisch, auf allzu vollmundige Anpreisungen, auf übertriebenes Gerede als Männer – und sie durchschauen Strategien oder Tricks sehr leicht. Frauen sind berechtigterweise besonders auf der Hut, nicht als das vermeintlich schwache Geschlecht übers Ohr gehauen zu werden, und nehmen den Eindruck, dies könne geschehen, sehr übel. Stattdessen mögen sie Ehrlichkeit, Offenheit und das Gefühl, dass bestimmte Services und Vorschläge auf sie persönlich, individuell zugeschnitten sind.
  Die Begriffe "vertrauenswürdig", „seriös“ und vor allen Dingen auch „persönlich“ fielen in unseren Befragungen immer wieder. Das heißt auch: Alleinreisende Frauen wollen von wirklichen Menschen angesprochen werden und kein Manual studieren oder Automaten bedienen (kein Check-in am Terminal), um Dienstleistungen abzufordern.
- Hingegen mögen sie es sehr, wenn man sie gegebenenfalls (also bei einem wiederholten Aufenthalt in demselben Hotel) wiedererkennt und sich möglichst rasch an ihre spezifischen Wünsche erinnert und dies behutsam und zugleich deutlich artikuliert.
- Obwohl Frauen in ihrem Verhalten vorsichtiger, manchmal unsicher, manchmal sogar misstrauisch reagieren, sind sie in anderen Dingen viel eher als Männer bereit, schon an der Rezeption, ihre individuellen Interessen und Wünsche deutlich zu äußern. Ob Männer nun schlicht genügsamer oder gelassener oder aber ignorant sind, ist schwer zu entscheiden; es hat jedoch durchaus den Anschein, als ob die männliche Klientel bestimmte Dinge gar nicht wahrnimmt, also weniger sensibel und empfänglich für Feinheiten des Services oder der Hotelausstattung ist. Was, kurzfristig gesehen, zwar weniger aufwändig für das Hotelpersonal ist, längerfristig jedoch die weiblichen Gäste gerade durch ihr genaueres Hinschauen und ihre größeren Ansprüche auf kleine Mängel des Hotels aufmerksam machen. Insofern können Frauen sogar, ohne dass es ihnen bewusst ist, zu kon-

struktiven Hotelkritikerinnen werden, die indirekt auf Mängel hinweisen, die es zu beheben gilt.

- Je nach Hoteltyp ist es angebracht, entweder wesentliche Aspekte des Weges zum Hotelzimmer an der Rezeption genau zu erläutern oder aber, sofern der weibliche Gast auf sein Zimmer begleiten wird, während des Weges darauf hinzuweisen: Wo befindet sich der nächste Fahrstuhl, existieren Stufen auf dem Weg, wie öffnet man eilig die Tür etc.. Denn Frauen ist sehr an klarer Orientierung gelegen, damit sie sich selbstverständlich und selbstbewusst bewegen können. Die Erklärungen sollen zum Gefühl der Sicherheit beitragen und dürfen dementsprechend nicht gegenteilig wirken (etwa kein allzu nachdrücklicher Verweis auf den Notausgang, auf Feuerlöscher oder andere Dinge, die mit Gefahren assoziiert werden), vielmehr sollen dieser Weg und das Gespräch weiteres Vertrauen und eben Orientierung schaffen.

> Frauen legen besonderen Wert auf einen freundlichen, persönlich auf sie als Frau eingehenden, schnellen Check-in.

Durch die Geschichte hindurch haben Frauen gelernt, ihre Interessen, Bedürfnisse und Wünsche erstens hintan zu stellen und die der anderen Familienmitglieder zu erfüllen. Zweitens lehrte sie die Erfahrung, dass, um überhaupt zum Zuge zu kommen, sie ihre Interessen selber in die Hand nehmen und äußern mussten. Denn traditionell interessierte das die männliche Welt nicht sonderlich und ist jenes Bild, Frauen würden die Wünsche von den Augen abgelesen, ein blasses Klischee und (Ausnahmen bestätigen die Regel) Ausdruck männlicher Selbstüberschätzung.

Schließlich: Frauen wollen wissen, wo es langgeht; denn das schafft Sicherheit – auch etwa, im Notfall zu wissen, wie die Tür zum eigenen Zimmer eilig geöffnet werden kann.

Lösungs-Vorschläge:

- Ihre Rezeption sollte auf den weiblichen Gast vorbereitet sein.
- aufmerksame, freundliche und individuelle statt standardisierter Begrüßung an der Rezeption;
- eine schnell verfügbare Datei über Gäste, die schon einmal in dem Hotel gewohnt haben, um das Wiedererkennen zu kommunizieren und mögliche Sonderwünsche (Allergie-Kopfkissen o.ä.) sofort anzusprechen und zu erfüllen;
- unaufdringlich vertrauensbildende Maßnahmen quasi en passant mitliefern;
- offen und unumwunden gegebenenfalls fragen, was der weibliche Gast in Bezug auf das Zimmer, zusätzlichen Service usw. wünscht;
- darauf achten, dass sich immer mindestens ein weibliches Mitglied an der Rezeption aufhält, da es Fragen und Bedürfnisse geben kann, die typisch weiblich sind und deshalb besser von einer Person desselben Geschlechts gelöst werden kann.

8 Der Fahrstuhl

Nicht unversehens basieren so viele Kriminalfilme auf der Existenz von Aufzügen und dienen entpuppen sich die als gefährliche Orte. Auch wenn sie rein technisch zu den sichersten Fahrzeugen gehören, so ist doch dieser eigenartig passagere Raum, der sich da zwischen den Etagen bewegt, ein wenig unheimlich: Der Lift könnte plötzlich zwischen den Etagen stoppen, Menschen reisen mit, die vielleicht merkwürdig erscheinen...

Fahrstühle sind emotional schwierige Transportmittel: Unbekannte stehen dicht nebeneinander, dabei wird die übliche Intimitätsdistanz unterschritten, was besonders bei Frauen Unbehagen auslösen kann: wo hinschauen, wie sich verhalten?

Frauen reagieren besonders sensibel auf Fahrstühle und wünschen:

- geräumige Kabinen,
- Spiegel,
- Informationen zum ablenkenden Lesen,
- helles Licht,
- schnelle Fahrt,
- einfache und übersichtliche Bedienung.

Lösungs-Vorschläge:

Leider probieren sich Designer manchmal gern am Objekt Aufzug aus: Dieser seltsame Hang ausgerechnet den Lift als experimentellen Ausdruck ihrer Kreativität zu demonstrieren, ist schlicht zu unterbinden.

Denn mittlerweile gibt es intelligente Design-Lösungen:

- Fahrstühle sollten wesentlich unter dem Aspekt von Sicherheit und Komfort gestaltet werden.
- Ein geräumiger Aufzug hilft, unfreiwillige Körperkontakte zu vermeiden.
- Achten Sie auf die richtige Beleuchtung. Ein heller Aufzug vermittelt mehr Sicherheit, da man sieht, was im Aufzug geschieht;
- Der Fahrstuhl sollte schnell sein (übrigens auch schnell beim Schließen und Öffnen der Türen), damit die Fahrt nicht überflüssig lange währt.
- Eine einfache Bedienung hilft, das Gefühl von Sicherheit zu vermitteln.
- Zwei gegenüberliegende Spiegel im Fahrstuhl entsprechen den Frauen, da sie sich dann noch einmal schnell von vorn und von hinten betrachten können. Ein völlig verspiegelter Lift verunsichert hingegen, da dann alle, die mitfahren, ständig sichtbar und somit aufdringlich werden.

9 Der Flur

Viele Frauen äußerten in unserer Befragung Kritik an Hotels, in denen sie lange, verwinkelte oder unübersichtliche Hotelkorridore vorfinden, die dann zum Teil noch schlecht beleuchtet sind. Besonders am späteren Abend stellt sich dann Unbehagen ein, das bis zu Angst reichen kann.

Deshalb wünschen die weiblichen Gäste:

- hell ausgeleuchtete Flure,
- kurze Wege vom Aufzug zum Zimmer,
- keine Verwirrung durch Unübersichtlichkeit,
- keine dunklen Ecken,
- unproblematische, schnell und zugleich gesichert nach außen zu öffnende Zimmertür,
- die von innen ebenso schnell und einfach und sicher abgeschlossen werden kann.

Hier soll noch einmal darauf hingewiesen werden, dass es sich bei weiblichen Business-Reisenden nicht um verängstigte oder gar hysterische Wesen handelt, sondern spezifische ihrer Reaktionen, Befürchtungen und Wünsche mit historischen Bedingungen und subjektiven Erfahrungen als Frauen zu tun haben: Dazu gehört das Faktum ihrer öffentlichen Anwesenheit und Selbstständigkeit erst seit einer ziemlich kurzen Zeit, während Männer im Laufe der Jahrhunderte, ja Jahrtausende, reichlich Gelegenheit hatten, sich in Selbstsicherheit zu üben und das Sich-Bewegen in der öffentlichen und beruflichen Sphäre zur Routine zu machen. Hinzu kommt, dass Frauen bis heute männlicher „Anmache" und potenzieller Gewalt ausgesetzt sind, vor der sie sich durch eine Mischung aus Achtsamkeit, Anspruch, Unsicherheit, Zurückgezogenheit zu schützen suchen. Frauen haben gelernt, auf der Hut zu sein, sich zu wappnen und demgemäß aufdringliches Gehabe und vertrauliche Gebärden aus guten Gründen abwehren und verübeln. Umso wichtiger sind deshalb offenes Auftreten und das Angebot seriösen Vertrauens.

Frauen wünschen eine subtile Form des Respekts und der Anerkennung – was sich beispielsweise an der Rezeption in dem Wunsch äußert, wiedererkannt zu werden.

> Frauen wollen Vertrauen, aber keineswegs Vertraulichkeiten. Sie verfügen über ein sehr spezifisches Verständnis von Nähe und Distanz, und sie mögen kein, metaphorisch gesprochen, Schulterklopfen und keine Lässigkeit und kein nassforsches Verhalten, wohl aber Achtung und intensive Aufmerksamkeit.

10 Die Lobby

Bevor wir uns nun, da der weibliche Gast sein Hotelzimmer erreicht hat, mit der Einrichtung des Raumes und dessen Details beschäftigen werden, noch ein kurzer Hinweis auf das Design der Lobby. Dabei ist es in diesem Zusammenhang gleichgültig, ob dieser Raum als Aufenthaltsraum gestaltet oder, wenn es sich um ein kleineres Hotel handelt, er lediglich dem Ein- und Auschecken dient.

Denn selbstverständlich vermitteln die Räumlichkeit und die Einrichtung der Lobby den ersten und nachhaltigen Eindruck von Design, Atmosphäre, Qualität, Komfort und Haltung des Hotels; „you never get a second chance for the first impression" – dieser berühmte, normalerweise aber auf Menschen angewandte Satz trifft auf die Hotel-Lobby ebenso gut zu. Schon hier nämlich entscheidet sich die Wertigkeit des Hauses, der Grad an:

- Offenheit
- Übersichtlichkeit
- Helligkeit
- Freundlichkeit
- Wärme
- Lebendigkeit
- Intimität
- Arbeitsmöglichkeiten
- Service: Information, Lektüre, Getränke, kleine Speisen.

Die Lobby wird von weiblichen Gästen gern als ein offener Raum verstanden, der zugleich Sicherheit und Partizipation an Geselligkeit bietet:

- Hier fühlen sich weibliche Hotelgäste wohl, weil der Raum informell und offen ist,
- weil das Sicherheit vermittelt,
- weil Frauen in einer so gestalteten Lobby zugleich sozial und abgegrenzt sein können,
- die Lobby ist ein Transfer-Raum: nicht präzise definiert, selber gestaltbar und demgemäß in der Vorstellung privat oder zumindest privatisierbar.

Frauen reagieren auf Einrichtungen viel sensibler als Männer, denn sie haben auch in ihrem Privatleben viel mehr mit der Wahrnehmung von Einrichtungen zu tun, schauen sich deshalb genauer um und registrieren schnell, was sie da sehen, hören und übrigens auch riechen. Dabei wird dieser Eindruck zweifach verarbeitet: Zum einen unter praktischen Gesichtspunkten, die bei ihnen größere Bedeutung haben als bei männlichen Gästen – gewissermaßen spielt untergründig auch immer eine Rolle, dass sie mehr darüber wissen, wie eine Einrichtung funktioniert, wie man sie nutzen, sauber halten und überblicken kann. Zum anderen möchten sie durch den Raum und dessen Einrichtung nicht „entrückt“ werden, sondern selber diejenigen sein, die darin sichtbar werden, alles überblicken können und alles im Griff haben.

Frauen erweisen sich hier – wie in vielen anderen Ansprüchen – in ihrer Rolle als Avantgarde:

Sie mögen eine multifunktionale Lobby, um

- arbeiten zu können,
- beobachten und somit Teil des geselligen Lebens sein zu können,
- etwas zu genießen,
- sich genau dort mit denen zu treffen, mit denen sie sich verabredet haben.

Lösungs-Vorschläge:

Eine zeitgemäße Lobby begeistert Frauen durch eine Gestaltung

- die freundlich und offen, klar und hell ist,
- deren Struktur sich schnell erfassen lässt – das heißt, die Lobby sollte nicht unübersichtlich und verwinkelt sein, damit die weiblichen Hotelgäste sofort einen Überblick über die dort lokalisierten Einrichtungen und Services erhalten,
- die deutliche Orientierung (Wege-Leitsysteme) bietet,
- in der es nicht lärmt, aber auch nicht vollkommen still, hingegen dezent leise-kommunikativ ist,
- die angenehm riecht.

Übrigens: Frauen lassen sich – womöglich entgegen üblichen Klischees über sie – nicht so leicht von vordergründigem Prunk und von allzu viel Zierrat beeindruckken; und sie schätzen nicht das mystische Dunkel mancher Hotels.

11 Das Hotelzimmer

Im Zimmer angelangt, unterziehen Frauen es erst einmal einer gründlichen Inspektion. Dieser Raum spielt für die alleinreisende Business-Frau eine weitaus größere Rolle als für jeden Mann. Die Bedeutung setzt sich zusammen aus emotionalen und funktionalen Ansprüchen, die sich untereinander vermischen. Die Wünsche der Kundinnen reichen vom Gesamteindruck und Atmosphäre über die Raumausstattung bis zu vielen kleinen materiellen und Service-Details.

Die weiblichen Hotelgäste sehen das Zimmer als Refugium in doppelter Weise an: als eine „Burg auf Zeit" (Inken Herzig), die ihnen Schutz und Sicherheit vor Unbill aller Art gewährt; und als ihr temporäres Zuhause, in dem sie etwas Privatleben nach getaner Arbeit genießen möchten.

Frauen, das ergab unsere Befragung und wurde uns auch von Hotelexperten bestätigt, halten sich deutlich länger in ihrem Hotelzimmer auf als die männlichen Gäste. Der Grund ist einmal mehr ihr Unbehagen, sich allein in der Öffentlichkeit zu zeigen. So wird der Zimmer-Service häufiger von Frauen als von Männern in Anspruch genommen, oder aber die Geschäftsfrauen kaufen sich kleine Dinge (eher verstohlen) zur Selbstverpflegung. Und die Frauen bereiten ihre geschäftlichen Tätigkeiten sehr häufig in der privaten Abgeschiedenheit ihres Zimmers vor oder nach. Sie bewohnen es umfassender und intensiver als Männer, es ist ihnen Entspannungs- und Arbeitsort zugleich. Insofern nutzen sie diesen „room for one's own" (Virginia Woolf) ausgiebig: praktisch-pragmatisch zum Arbeiten („ein vernünftiger Schreibtisch und gutes Arbeitslicht sind sehr wichtig"), zum Erholen und Entspannen („sich etwas Gutes nach getaner Arbeit tun"). Die Aussagen verdeutlichen, dass der Entspannungsanteil vielen Frauen als Belohnung für anstrengende oder erfolgreiche Geschäftsverhandlungen gilt. Und das Zimmer ist auch der Fluchtort, um der Verunsicherung und dem Unbehagen zu entgehen, die die Alleinreisende immer noch sehr deutlich verspürt, wenn sie sich allein in den öffentlichen Räumen des Hotels oder im urbanen Raum aufhalten muss oder sollte.

Wenn also das Hotelzimmer so viele unterschiedliche Bedürfnisse zu erfüllen hat, wird verständlich, dass Gestaltung und Ausstattung eine so dominierende Rolle spielen.

> Frauen nutzen ihr Hotelzimmer viel intensiver und länger als Männer. Es ist für sie Rückzugs-, Arbeits- und Entspannungsraum zugleich.

Damit hängt dann auch zusammen, dass Frauen sehr genaue Vorstellungen davon haben, welche Dinge unbedingt vorhanden sein sollten. Und wenn schon die unterschiedlichsten Aktivitäten im Zimmer stattfinden, wird auch verständlich, dass die erhoffte Produktpalette quantitativ und qualitativ breit ausfällt. Wie in der Einleitung bereits geschrieben, fiel es den Frauen, die wir in unserer Studie befragten, leicht, sehr schnell und ohne viel Nachdenken zwischen 30 und 40 Dinge zu benennen, die ihnen wichtig oder unbedingt wünschenswert erscheinen, und die sie manchmal schmerzhaft bzw. verärgert vermissen. – Zum Vergleich: Männer nennen durchschnittlich 3 Dinge, die sie für essenziell in einem Hotelzimmer halten: WLAN (kostenlos), gute Matratze, gute Dusche!

> **Hinweis:**
> Eine Übersicht zu den Ansprüchen und Wünschen von Business-Frauen und Business-Männern finden Sie im Anhang des Buchs.

Aber der Reihe nach:

11.1 Das Fernsehgerät

Nach der Einführung in die Betätigung des Lichts und der Klimaanlage ist zumeist das erste im Hotelzimmer, was aufdringlich in die Augen fällt, das Fernsehgerät, was den Gast in vielen Hotels beim Betreten des Zimmers automatisch begrüßt und manchmal noch Hotelinformationen bereithält. Was durchaus angenehm sein kann.

- Aber überhaupt nicht gut kommt es bei Frauen verständlicherweise an, wenn sie dann auf dem Bildschirm – so häufig geschehen – lesen müssen: „Willkommen Herr Prof. Dr. Brandes". Offenbar werden Namen, die mit akademischen Titeln bestückt sind, häufiger automatisch als männliche eingestuft. Der Titel scheint die weibliche Buchungsanfrage so zu überstrahlen, dass noch nicht einmal etwa auf den Vornamen der Buchenden geachtet wird. Hier schlagen althergebrachte Konventionen zu, die inzwischen zwar überholt sind, sich aber im Bewusstsein des Hotelpersonals noch nicht durchgesetzt haben. Ein Mangel, der nun wirklich schnell behoben werden kann: indem der Vorname sorgfältig gelesen und entsprechend notiert wird.
- Plausibel ist ebenfalls, dass Frauen nicht begeistert sind, wenn neben dem TV-Gerät auf großen Papp-Aufstellern für die kostenpflichtigen heißesten und sündigsten Filme geworben wird, die sich eindeutig an männliche Gäste wenden und den weiblichen damit klarmachen, dass man an sie nicht gedacht hat. Wenn Frauen darüber verärgert sind, bedeutet das keineswegs, dass sie prüde sind; nur sind solche Filme sehr eindeutig für Männer produziert und häufig deutlich verächtlich gegenüber Frauen. Zur Erinnerung: Hiermit ist nicht gesagt, dass alle Männer sich für pornographische Filme interessieren. Der Unterschied liegt aber darin, dass Männer die Existenz von Pay TV-Kanälen mit einschlägigem Programm weder negativ noch positiv erwähnen, geschweige denn sich darüber beklagen. Die weiblichen Gästen dagegen äußern ihren Ärger über das Vorhanden-Sein solcher Pornokanäle und -werbungen explizit und zahlreich. Und nur

zwei Befragte gaben an, sie hätten nichts gegen subtile erotische Filme, die aber ganz anders gemacht sein müssten als die bisher üblichen.

Praxis-Tipp:
Frauen reagieren genervt, wenn das Zimmer mit zu viel Technik ausgestattet ist, entsprechende Geräte nicht selbsterklärend sind und sie sich erst mit umfangreichen Bedienungsanleitungen auseinandersetzen müssen. Auch die zentrale Steuerung aller Lichtelemente auf einem Panel wird von ihnen nicht goutiert. Sie möchten einfache, klare Lösungen vergleichbar denen, die sie von ihrem Zuhause kennen.

Lösungs-Vorschläge:
Solche Fehler können Sie, obwohl gravierend, leicht vermeiden:

- Machen Sie auf Fernsehprogramme mit Kultur-, Mode- und ähnlichen Sendungen aufmerksam (zumindest zusätzlich bei den Aufstellern).
- Achten Sie bei der Eingabe des Namens für den Willkommensgruß auf dem Bildschirm auch bei Frauen gegebenenfalls auf die Titel. Vor allen Dingen verwenden Sie aber bitte die richtigen Bezeichnung des Geschlechts.
- Und noch der kleine Hinweis, die Fernbedienung ebenso wie alle anderen Geräte im Hotelzimmer müssen einfach und plausibel bedienbar sein.

11.2 Gesamt-Atmosphäre

Die Aussagen dazu und die Wahrnehmungen davon sind sehr anspruchsvoll. Denn die Geschäftsfrauen haben unterschiedliche Bedürfnisse, je nach Situation, Tageszeit und Art der Beschäftigung. Indem sie das Hotelzimmer gleichzeitig als Arbeits- und privates Wohnzimmer verstehen, muss es diverse Funktionen und „Stimmungen“ erfüllen.

Das vereinfacht die Lösungen seitens des Hotelmanagements wahrlich nicht, zeigt aber die reale Komplexität dieses Themas für die Gestaltung der Hotelzimmer und verweist auf die Notwendigkeit, diese mit großer Genauigkeit und sehr professionell, also mit Design-Kompetenz, zu gestalten.

Die Wünsche betreffen das Licht, die Farben der Wände, Textilien und Möbel ebenso wie das Arrangement des Mobiliars, die Aussicht aus dem zu öffnenden Fenster, den Inhalt der Minibar, einen Willkommensgruß. Und guter, frischer Geruch ist geradezu ein Must.

Frauen sind gegenüber Gerüchen sehr viel aufmerksamer und kritischer; das ist einerseits physiologisch begründet, da sie über mehr Geruchsrezeptoren verfügen und andererseits über mehr weibliche Tradition, sich mit Düften zu umgeben.

Die Mehrzahl der befragten Frauen wünschte sich einen Raum, der folgendermaßen wirken soll:

- hell, aber auch intim – das meint: nicht kalt und abweisend, aber auch nicht düster oder aufdringlich kuschelig;
- Frau muss den Raum leicht aneignen, ihn quasi privatisieren können;
- ruhige Räume – keine rauschende Klimaanlage, kein Lärm von außen;
- gute Arbeitsmöglichkeiten – das heißt, Schreibtisch und -stuhl, aber auch bequeme Sessel oder ein Sofa zum Entspannen und viele Kissen zum „Hineinkuscheln";
- viele und deutlich sichtbare Ablagen;
- sehr viele Frauen lehnen ausdrücklich Teppichboden als unhygienisch ab; und wenn Teppichboden, dann bestehen sie auf Badepantoffeln;
- stets frisches Obst und Wasser (kostenlos);
- frischer Geruch, der natürlich wirkt (oder am besten ist), keine aufdringlichen Düfte, und erst recht kein Essens- oder Reinigungsmittelgeruch durch die Klimaanlage oder durch das Fenster. Ein unsympathischer Geruch und eine deprimierende Aussicht aus dem Fenster sind ein starkes Motiv für die weiblichen Gäste, das Zimmer wechseln zu wollen.

Frauen wechseln häufiger und oft schon nach erster Anschauung oder nach wenigen Momenten das Zimmer und bestehen auf einem neuen. – Männer bemerken unzureichenden Komfort oder mangelnde Atmosphäre offensichtlich kaum, oder sie stören sich nicht daran oder trauen sich einfach nicht, das zu reklamieren.

Beobachtungsstudien haben ergeben, dass, sofern ein Paar gemeinsam eincheckt, und die Frau das Zimmer wechseln möchte, dieses Ansinnen dem Mann gemeinhin geradezu peinlich ist: Häufig entfernt er sich ein wenig von seiner reklamierenden Partnerin, als ob er nicht dazu gehöre!

Wie schon zuvor geschrieben: Weibliche Gäste sind äußerst aufmerksam:

- Sie nehmen sehr schnell das gesamte Arrangement und die Atmosphäre des Hotelzimmers und die Details wahr, denn sie sind gewohnt, sowohl unter sehr pragmatischen als auch unter Wohlfühl-Aspekten Räume zu beurteilen.
- Sie suchen Intimität, das Hotelzimmer ist ihnen privater Rückzugs-, Entspannungs- und zugleich Arbeitsraum – sie richten sich ein, personalisieren den Raum.
- Ruhe ist wichtig, zumal weibliche Gäste große Lautstärke als Einbruch in ihre Intimität begreifen und dies nicht bloß störend, sondern auch autoritär auf sie wirkt.
- Täglich frisches Obst und Wasser nehmen sie als Signal für persönliche Aufmerksamkeit, also dafür, dass man sich um sie sorgt.

Frauen räumen Dinge im Zimmer sehr gern um – das reicht von kleinen Dingen bis zur Möbelumstellung: Häufig werden die vielen Informationen: Hotel Directory, Zimmer-Service- und Frühstücks-Menuekarte, do not disturb und andere Aufsteller, Zeitschriften, Bibel ...auf einen Stapel und in eine Ecke gepackt. Auch alle oder einige Hygiene- und Wellness-Produkte, die sich im Bad befinden, werden oft verrückt, an einen Ort verbracht, wo sie keinen Platz okkupieren, der für die eigenen Produkte gebraucht wird; zumal die Ablagemöglichkeiten im Hotelbad in vielen Fällen äußerst begrenzt sind.

Frauen tendieren also dazu, vorgegebene Arrangements zu verändern, um ihre eigene Dinge auszubreiten und die eigene Ordnung durchzusetzen – und sie mögen es gar nicht, wenn das Hotelpersonal, Housekeeping, während ihres Aufenthalts alles wieder zurückräumen. Bei mehr als einer Übernachtung führt das gelegentlich zu einem Wettstreit zwischen Housekeeping und dem weiblichen Gast!

Lösungs-Vorschläge:

Diesen Anforderungen und Wünschen der weiblichen Gäste zu entsprechen, verlangt durchaus sehr viel Verständnis und Einfühlung, innovatives Design sowie verständige Dienstleistung:

- Betrachten Sie das Design selber in diesem Zusammenhang als Dienstleistung. Es muss die Wünsche und Handlungsweisen der Gäste, zumal der weiblichen, nicht nur zulassen, sondern unterstützen. Insofern sollte das Design flexibel sein, um unterschiedlichste Nutzungsweisen zu ermöglichen.
- Bedenken Siedabei, dass Funktionalität eine sehr komplexe Dimension bezeichnet, also nicht im traditionellen Sinn lediglich als Ergonomie verstanden werden darf. Neben der Funktionalität gehören kleinste Details dazu, auch die emotionalen Aspekte der Objektbesetzung spielen eine große Rolle.
- Die Gestaltung ebenso wie die Dienstleistung hat diejenigen ernst zu nehmen und zu unterstützen, die sie nutzen und die sich wohlfühlen sollen.

Es lohnt sich, Fingerspitzengefühl bei der Reinigung des Hotelzimmers zu beweisen: Was wird aufgeräumt, was sollte nicht angerührt werden, da der weibliche Hotelgast es offenbar absichtlich so arrangiert hat! Hierfür sollten Sie das Personal besonders sensibilisieren.

11.3 Ablagen und Stauraum

Dieses Kapitel könnte wahrscheinlich das längste des ganzen Buches werden, wollte man alles aufzählen, was die Frauen dazu gesagt und geschrieben haben. Ohne langes Nachdenken sprudelte es aus ihnen nur so heraus.

Das bedeutet: Sie wissen genau, was sie möchten bzw. was ihnen fehlt, und hier gibt es wirklich für den Großteil der Hotels (gleichgültig, welcher Kategorie) viel zu tun – und viel Ansehen zu gewinnen.

Genügend Ablagefläche, vertikal wie horizontal, bereitzustellen, ist also ein Muss, wenn man zufriedene Frauen in seinem Hotel sehen will.

Es fängt schon damit an, dass, wie erwähnt, Frauen deutlich mehr Gepäck auf eine Reise mitnehmen als Männer. Nun könnten wir dem üblichen Klischee folgen, dass Frauen eben viel eitler als Männer sind. Wenn überhaupt, ist das jedoch nur die halbe Wahrheit. Mindestens genau so wichtig sind zwei weitere Motive: Zum einen antizipieren Frauen stets die Möglichkeit, dass ein Kleidungsstück beschädigt oder befleckt werden könnte – sie handeln, wie im privaten Alltag, vorsorglich, sind auf alle Eventualitäten eingestellt. Der zweite Grund ist Unsicherheit, die bei Geschäftsfrauen immer noch durchscheint: Sie könnten ja in eine unverhoffte Situation geraten, in der eine andere Kleidung gefragt ist als die, die realistisch planbar war; oder sie haben plötzlich das Gefühl, dass sie doch nicht passend angezogen sind, und wechseln schnell die Kleidung. Die meisten Business-Ladies sind für wirklich alle Fälle gerüstet – und das bedeutet, sie benötigen viel Platz.

Die Art der Dinge (von Kleidung bis Hygiene- und Kosmetikartikel), das Maß der notwendigen Vorsicht im Umgang sowie Größen und Volumen sind sehr unterschiedlich: Das reicht von Ober- und Unterbekleidung (Achtung: Strumpfhosen müssen nicht nur am Bein, sondern auch im „Vorratsraum" pfleglich behandelt werden, damit sie nicht reißen) über jede Menge zum Teil fragiler Glas- und Kunststoffbehälter bis zu sperrigeren Objekten wie Schuhe (von denen Frauen normalerweise reichlich mit auf Reisen nehmen). All das will sorgfältig (nicht knittern, nicht splittern) und möglichst großzügig ausgepackt sein – es macht keinen Spaß und dient auch nicht einer besseren Ordnung und Übersicht, wenn etwa die verschiedenen Typen von Unterwäsche aus Platzmangel aufeinander gestapelt werden müssen. Es ist lästig, um zusätzliche Bügel telefonieren zu müssen. Das ist sehr oft der Fall, gerade wenn es sich um ein auf Business-Reisende spezialisiertes Hotel handelt, denn hier ist die Anzahl der Übernachtungen ja normalerweise geringer als bei einer Urlaubsreise. Was zum Beispiel zu wenige Bügel offenbaren: Hier wurde an den Geschäftsmann gedacht, denn der hat an Oberbekleidung neben einem weiteren Hemd üblicherweise höchstens noch einen zweiten Anzug für den nächsten Tag dabei. Die Geschäftsfrau aber hat sehr viel mehr Auswahlkleidung bei sich, also braucht sie auch mehr Bügel und insgesamt mehr Raum zum Verstauen all der anderen Kleidungsstücke und Accessoires. Aber nicht nur zu wenige Bügel, sondern auch das Fehlen einer bestimmten Halterform monieren sehr viele Frauen: Sie vermissen Rockbügel, finden oft lediglich Anzugbügel vor, die sich gut für das Aufhängen von Hosen eignen, auf denen aber ein Rock entweder gar nicht hält oder aber der Bügel merkwürdige Ausbeulungen verursacht.

Man sieht: Frauen denken sehr detailliert und feinteilig darüber nach, was sie in einem Hotelzimmer zum Ablegen und Verstauen vorzufinden wünschen.

Noch einmal zusammengefasst:

Ausreichend Ablage-, Hänge- und Verstaumöglichkeiten sind für weibliche Gäste sehr wichtig, wichtiger als für männliche.

- Im Hotelzimmer selbst (über das Bad berichten wir später) brauchen Frauen:
  - sehr viele Ablagen,
  - überall im Zimmer,

  - unbedingt auch am Bett,
  - jeweils nicht zu klein,
  - gut sichtbar,
- aber nicht zu offen(sichtlich), weil
  - niemand Lust hat, gerade nicht benötigte Dinge ständig im Blickfeld zu haben,
  - das Zimmer dadurch kleiner wirken könnte,
  - sich ja darunter auch intimere Dinge befinden,
- intelligent in die Einrichtung integriert, so dass man sich an ihnen nicht stoßen oder sogar verletzen kann.

Dieser Wunsch nach vielen Ablagen und Stauraum lässt sich dreifach begründen:

- Frauen reisen mit sehr viel mehr Accessoires durch die Welt – wozu auch Schmuck, Crèmes, Parfums, aber ebenso kleinere Teile an Kleidung gehören; dies alles muss irgendwo im Raum abgelegt werden können, möglichst im Rahmen einer rationalen Organisation von Ort und Zeit des gewünschten Nutzens – beispielsweise am Bett oder vor einem Spiegel, neben der Garderobe oder neben bzw. auf dem Schreibtisch.
- Ein ebenso guter Grund für den Wunsch nach vielen Ablagen ist ein eigenartiges weibliches Verhalten: Offensichtlich eignen sich Frauen Räume dadurch an, dass sie Gegenstände, die zu ihnen gehören, im Hotelzimmer großzügig Raum verteilen mögen – so privatisieren sie den Raum und schaffen sich selbst den Eindruck, sich heimisch fühlen zu können; interessant in diesem Zusammenhang ist übrigens auch, dass das, was wir zuvor „chaotisch" im Verhalten von Frauen genannt haben, im Rahmen dieser Begründung verständlich wird: Das „Privateigentum" im Zimmer zu verteilen, bedeutet den Frauen die subjektive Inbesitznahme ihres Refugiums auf Zeit.
- Schließlich handeln Frauen, zumal in fremdem Räumen, häufig nervöser und möchten demgemäß alles, was sie gerade in einem bestimmten Moment brauchen oder zu brauchen meinen, sofort greifbar oder wenigstens sichtbar haben – was wiederum auf ihren speziellen praktischen Sinn und darauf verweist, nicht suchen zu müssen und dadurch womöglich verunsichert zu werden.

> Das Housekeeping-Personal schätzt männliche Gäste weit mehr, da sie weniger Unordnung verbreiten.

Lösungs-Vorschläge:

Hier braucht es wirklich intelligente Designlösungen, solche Ablagen im Raum vernünftig zu integrieren. Die Produkte sollten sich unterordnen, um die Raumwirkung nicht zu beeinträchtigen. Sie dürfen weder stören, noch nach Provisorien oder, das Gegenteil, nach Nippes aussehen. Es müssen Wege gefunden werden, das Mobiliar im Hotelzimmer so zu gestalten, dass es wie von selbst offen sichtbare Nischen und Plattformen anbietet, die dann als Ablagen identifiziert und entsprechend genutzt werden können, ohne dass sie so (langweilig) aussehen, wie das Wort „Ablage" oder „Stauraum" suggeriert.

Außerdem sollten diese Produkte genügend, aber nicht zu viel Tiefe haben. Denn sonst gerät leicht mal ein Teil in das nicht mehr beherrschbare Dunkel der „Höhle". Zum Beispiel könnte das Fach mit rutschfestem Material ausgelegt oder mit einer leichten Vertiefung versehen werden, auf dass nichts verschwindet. Hier – wie auch in etlichen anderen Fällen zur Entwicklung einer vernünftigen Gestaltung der Räume und das Mobiliars – könnte überlegt werden, über eine gewisse Zeit sehr genau zu beobachten, wie weibliche Gäste mit solchen angebotenen Ablagen umgehen und ob sie womöglich dennoch und zusätzlich dafür eigentlich nicht vorgesehene Möbel oder sogar technische Geräte als weitere Ablagen bestücken. Solche Beobachtungen könnten nach kurzer Anleitung durchaus in regelmäßigen Abständen vom Housekeeping-Personal durchgeführt werden. Das ergibt dann eine vorzügliche Grundlage für notwendige gestalterische Veränderungen.

In jenen Hotels, in denen ohnehin gerade eine Renovierung oder Umgestaltung ansteht, könnten modulare Komponenten eine nachhaltige Verbesserung der Situation ermöglichen. In ein System seriengefertigter Stauraumelemente könnten einzelne Komponenten frei kombinierbar eingebaut oder dem Gast sogar als tatsächlich flexible Module zur Verfügung gestellt werden.

Zweifellos gehört es bei der Planung jedes Hotels also mit zu den wichtigsten und schwierigsten Aufgaben, den vorhandenen Raum so zu nutzen, dass er nicht überladen oder beengend wirkt und dennoch so viel Platz wie möglich zum Verstauen diverser Dinge bietet. Das ist leichter gesagt als getan. Ein Hotel mit sehr großen Gästezimmern hat da selbstverständlich viel mehr und bessere Möglichkeiten als eines mit relativ kleinen Zimmern. Nun gibt es ja viele – gute und weniger gute – Beispiele von Hotelarchitektur, die sich dieser Herausforderung im Besonderen angenommen haben.

Und dennoch: Gemessen an den Bedürfnissen, die uns die weiblichen Reisenden in Hülle und Fülle genannt haben, bedarf es weiterer Überlegungen, wie Hotelfachleute diese Wünsche noch besser berücksichtigen können. Das Design der Innenräume braucht große Sensibilität in puncto Platz und Raumgefühl, um für weibliche Hotelgäste befriedigende Lösungen zu gestalten. Und es muss einmal gesagt werden: Designern ist die Differenz der Ansprüche zwischen Männern und Frauen eher nicht bewusst. Unsere Interviews mit international renommierten und in der Architektur sowie Innenraumgestaltung von Hotels sehr erfahrenen Gestaltern ergaben ein durchweg mangelndes Problembewusstsein für die spezifischen weiblichen Belange. Bei ihnen herrschte fröhliche Einhelligkeit in der Auffassung: Es kommt bei der Gestaltung nicht auf das Geschlecht des Gastes an, sondern allein darauf, ein gut und klug durchdachtes Konzept umzusetzen. Ganz im Gegenteil zu den Designerinnen und Architektinnen, die uns ohne Umschweife und selbstverständlich geschlechterspezifische Vorstellungen bejahten und angaben, dass sie als Expertinnen der Profession Design und Architektur sowie als Frauen diese Belange in ihre Innenraumgestaltungen aufnehmen würden.

11.4 Das Licht

Nun kommen wir zu einem der zwar reizvollsten, aber auch kompliziertesten Elemente der Raumgestaltung und insbesondere des Designs von Hotelzimmern. Nämlich zum Licht.

Denn Licht strukturiert und formt den Raum und kann ihn sogar völlig verändern, sowohl was das Aussehen, als auch, was die Atmosphäre betrifft. Tatsächlich kann man Licht als einen grundlegenden Vorläufer für virtuelle Realität bezeichnen, denn es schafft Wirklichkeiten, löst Emotionen aus, kreiert Stimmungen. Und selbstverständlich wird jedes Hotel bemüht sein, gute Stimmung zu erzeugen. Das alles gilt für die Gestaltung am Tag, also des Tageslichts, ebenso wie die Erleuchtung der Dunkelheit.

Klar: Am Tag wird das in den Raum hineinströmende Licht durch Vorhänge, Jalousien und andere Maßnahmen an den Fenstern moderiert und modifiziert. Gerade in Hotelzimmern kommen allerdings noch zusätzliche Veränderungen des täglichen Raumlichts dadurch, dass hier häufig auch am Tag einige Lichtquellen (etwa im Flur, durch die geöffnete Badezimmertür oder auch im offenen Kleiderschrank) den Eindruck verändern.

Wo Licht ist, da ist auch Schatten. Dieses Doppel- und Wechselspiel verleiht dem Raum eine eigenartige und schwer fixierbare Atmosphäre. – Dies geschieht ebenfalls dann, wenn der Raum abends und nachts allein durch Kunstlicht erhellt wird (allerdings kann man dann die Schattenbildung besser kontrollieren, da sie stabil bleibt, weil das Kunstlicht ja nicht wandert wie das Sonnenlicht).

Wenn es nun um Lichtdesign geht, dann sind bekanntlich folgende Kriterien der Gestaltung zu bedenken:

- Die Lichtquellen spenden nicht nur Licht, sondern sind immer auch als physische Dinge präsent und müssen als solche bedachtsam gestaltet sein – was auch dann gilt, wenn sie etwa in die Decke oder Innenwände oder in andere Objekte integriert sind.
- Sind die Lichtquellen nicht in andere Raumelemente vollständig integriert, dann lassen sie sich für gewöhnlich bewegen (drehen, in der Höhe verstellen, schieben, im bestimmte Richtung lenken usw.), weshalb diese Techniken und deren Auswirkungen auf die Struktur des Raumes und auf damit verbundenen gewünschten Nutzen zu gestalten sind.
- Licht ist allemal farbig und bedarf deshalb einer sehr genauen Komposition der Farben – zumal die Farbigkeit wesentlich die emotionale Wirkung des Lichts hervorruft.
- Sehr wichtig für die Atmosphäre ist zusätzlich – das ist technisch nicht unkompliziert, doch Licht-Designerinnen und -Designer kennen sich da aus – das Farbklima, eben die innere Zusammensetzung des Lichts, die sich zum Beispiel während des Tagesablaufs oder auch nach Jahreszeiten verändert und mittlerweile von Kunstlicht annähernd nachgeahmt werden kann.

- Schließlich sollen der Einlass des Tageslichts und die ansonsten verwendeten Lichtquellen (etwas vereinfacht spricht man von Lampen) nicht allein Atmosphäre herstellen und Räume ordnen: Sie sollen zusätzlich bestimmte Tätigkeiten und Ansichten ermöglichen – Lesen und Schreiben, Wege im Zimmer, Handgreiflichkeiten oder sich im Spiegel möglichst vorteilhaft zu erblicken. Denn unsere Untersuchungen ergaben, dass Frauen sich unterschiedliches Licht für unterschiedliche Aktivitäten wünschen. Da sie sich auffallend länger in ihrem Hotelzimmer aufhalten, sind ihre Ansprüche an die Flexibilität und Veränderbarkeit der Lichtverhältnisse nicht nur deutlich höher als bei Männern – die sich in unserer Befragung in den wenigsten Fällen überhaupt zu Licht und Leuchten äußerten.

Jetzt aber in diesem weiten Feld des Lichts zu den ausdrücklichen Vorstellungen und Wünschen der weiblichen Gäste. In den Interviews und in den Beobachtungen ergaben sich dafür insbesondere diese Ansichten:

- Es müssen unbedingt genügend unterschiedliche Beleuchtungsvorrichtungen (Lampen) vorhanden sein, damit individuelle Einstellungen, das fine-tuning, sensibel und präzise möglich sind.
- Schalter, auch die an einzelnen Lampen, sollten gut sichtbar und einfach bedienbar gestaltet sein.
- Die Beleuchtungsmittel (Birne, Leuchtmittel) müssen sehr variabel sein, sowohl das gesamte Raumlicht soll der Gast verändern können (zum Beispiel dimmen, direkte oder indirekte Beleuchtung oder farblich Variation), als auch müssen differente Lichtquellen je einzeln ein- und ausschaltbar sein.
- Vergleichbar gilt dies auch für die Möglichkeiten, den Einlass des Tageslichts zu steuern.
- Kaltes, ins Bläulich spielendes Licht erschreckt: Denn beim Blick in den Spiegel sieht jede und jeder elend, älter, faltig aus. Der Schreck wird gesteigert durch die berechtigte Vermutung, man sähe in solch einem Licht auch für andere so aus. Und dass Frauen in der Regel (und durch Erfahrung darin bestärkt) empfindlicher auf ihr Aussehen reagieren und es deshalb auch öfter kritisch überprüfen, ist allgemein bekannt. So schwärmt die weibliche Klientel noch viel ausdrücklicher für warmes und weiches Licht.
- Sehr wichtig ist dementsprechend, alle Spiegel so zu beleuchten, dass das eigene Antlitz weder geblendet, noch verschattet oder „verdunkelt" wird, stattdessen schmeichelhaft angestrahlt wird.
- Nicht zu vergessen, dass Schränke nach dem Öffnen der Türen ihren Innenraum klug erhellen, zugleich aber bei geschlossenen Türen so dicht schließen, dass keine Lichtstrahlen die Nachtruhe stören.
- Dunkle Ecken verunsichern (Assoziation zu Schmutz, Ungeziefer ...), erwünscht ist die freie Sicht auf alles.
- Insgesamt soll die Anlage des Lichts dem weiblichen Gast ermöglichen, je nach individuellen Bedürfnissen den Raum zu strukturieren, sich z. B. Inseln zu schaffen oder das Hotelzimmer in einen funktionalen Arbeitsraum zu verwandeln.

Dass auch Männer nicht immer glücklich mit High-Tech-Lichtschaltern werden, zeigt der Journalist und Hotelkritiker Hanno Parmentier, wenn er schreibt: „Ich kapitulierte vor Kippschalter-Tableaus, deren Unübersichtlichkeit einen Gast schwindlig werden lässt, bevor ihm dämmert, dass er dieses verzwickten Systems während der kurzen Verweilzeit nicht Herr werden wird. Die Gnade der Einfachheit ist an den Beleuchtungstechnikern wohl unbemerkt vorbeigegangen." (Parmentier, in KAP Forum, 48) Allerdings, und da kommt dann doch wieder der technikbegeisterte Mann zum Vorschein, von dem Frauen sich deutlich unterscheiden, lobt er doch kurz darauf das Steuergerät eines bekannten Leuchtenherstellers namens „ZBOX", das nach seiner Beschreibung alles andere als unkompliziert gehandhabt werde kann, so scheint es mir: „An dieses Steuergerät können bis zu vier – ‚Circle Control Points' genannt – angeschlossen werden. (…) Und je nach Einsatzort tragen die Bedienstellen unterschiedliche, leicht verständliche Piktogramme – im Bad beispielsweise für ‚Waschen', ‚Schminken' oder ‚volles Licht', am Schreibtisch für ‚Schreiben', ‚TV-Betrieb' und wiederum ‚volles Licht'. Eine Mini-Kippleiste dient (…) jeweils dem Dimmen des Lichts, eine zweite Kippleiste hat wiederum je nach Standort eine unterschiedliche Funktion: Am Schreibtisch dient sie ebenso wie am Bett der Steuerung des Zimmervorhangs, im Bad lässt sich darüber die Lichtfarbe steuern." (Parmentier, 48 f.)

Um Missverständnissen vorzubeugen: Das Konzept, „Waschen", Schminken", „Schreiben" etc. zu differenzieren und anzuzeigen, ist sehr sinnvoll und bezieht die weiblichen Bedürfnisse ausdrücklich mit ein. Aber das Steuergerät selbst: Da braucht es ja doch wieder eine intensive Einarbeitungszeit, um sich zu erinnern, wo sich welche Funktion an welchem Einsatzort ansteuern lässt!

> Frauen haben überhaupt keine Lust, sich mit umständlichen Bedienungsanleitungen des Lichtpanels auseinanderzusetzen. Sie bevorzugen die Einzelregulierung der Leuchtquellen – allerdings müssen diese klug ausgewählt, übersichtlich über den Raum verteilt sein und gestalterisch hinreichend „sprechen", damit sich schnell und leicht erschließt, welcher Schalter zu welchem Licht gehört. Eine klare Produktsemantik sollte selbstverständlicher Teil der Gestaltung sein.

Wir kennen das von zu Hause und noch mehr in der Fremde, eben im Hotel: Die Bedienung technischer Geräte und all der damit zusammenhängenden Schalter, Hebel und Knöpfe wird zumal bei zunehmender Komplexität schnell unübersichtlich. Zu Hause gewöhnt man sich notfalls daran. In Hotels aber zum Beispiel, führt dies zunächst zu Verunsicherung, wenn nicht gar zu Fehlschaltungen. Das alles aber muss nicht so sein und ist bloß schlechtem Design geschuldet: Eine der wichtigsten Aufgaben im Design ist nämlich die Gestaltung der Schnittstelle zwischen Mensch und Objekt (Interface oder Interaction Design), damit, um auf das Hotelzimmer zurückzukommen, zum Beispiel Licht- oder Akustik-Panels fast ohne nachzudenken bedient werden können. Das ideale Hotelzimmer-Produkt (aber nicht nur hier) sollte eine intuitive Handhabung ermöglichen, und diese ergibt sich, wenn die „Produktsemantik", die „Anzeichenfunktionen" stimmen: Durchdachtes Design nämlich ist selbsterklärend, und das bedeutet, dass die Produkte selbst durch ihre Gestaltung zu uns ?sprechen?: (bei Türen etwa: drück mich, stoß mich, schieb mich ...)

Kluges Design nämlich kann klare Kennzeichen dafür liefern, was wann zu tun ist oder wenigstens, wie man bestimmte Funktionen sehr schnell lernen kann – etwa durch Piktogramme, die die Bedienung reduziert-bildlich darstellen.

Alle diese weiblichen Wünsche zum Licht und zu dessen Gestaltung im Hotelzimmer verdeutlichen erneut die drei zentralen Kategorien, die Frauen mit Gastlichkeit verknüpfen und in Hotels vorfinden möchten:

- Sicherheit, denn Licht schafft Transparenz, verhindert unliebsame Überraschungen, ermöglicht Beweglichkeit und hilft, alles zu entdecken;
- Sinnlichkeit, denn Licht produziert Atmosphäre, ist schön, begeistert, verhüllt Problemzonen, motiviert den Spieltrieb und eröffnet neue Perspektiven der Gestaltung, und Licht schmeichelt dem liebsten Sinn des Menschen, das Sehen.
- Sozialität, denn über Licht entwickelt sich Lebendigkeit, schafft man einen sozialen Ort auch für sich selbst, und Licht ist immer auch der Ausblick nach draußen sowie der Versuch, den Einblick nach drinnen gestalten zu können.

Offenkundig – und das haben alle Interviews und Beobachtungen deutlich bestätigt – sind Frauen aufgrund der geschlechterspezifischen historisch-sozialen Entwicklung, im Rahmen ihrer alltäglichen lebendigen Erfahrungen auch im Beruf und motiviert durch Veränderungen ihrer Rollen im gesellschaftlichen Geflecht sehr viel sensibler gegenüber diesen drei Dimensionen (Sicherheit, Sinnlichkeit, Sozialität) als Männer. Diese weiblichen Erfahrungen und Erfordernisse machen das Leben für das Hotelmanagement vordergründig nicht gerade einfacher, jedoch spricht es für einen ausdrücklichen Sinn für Lebensqualität und deren notwendige Verbesserung. Nicht nur, aber auch im Hotel und dessen Angeboten.

Lösungs-Vorschläge:

Für dieses komplexe Feld kluger Lichtgestaltung existieren leider keine einfachen und besonders preiswerten Lösungen. Es kann nur empfohlen werden, professionelle und innovative Licht-Designer (bevorzugt weiblichen Geschlechts) zu engagieren und in intelligenter Abstimmung mit dem gesamten Auftritt (Architektur, Corporate Design, Interior Design, öffentliche Präsenz und intendierte Klientel) das Licht im Bewusstsein der oben genannten vielfältigen Faktoren einzurichten.

11.5 Die Schränke

Wie zuvor geschrieben: Frauen sind auch bei Geschäftsreisen mit sehr viel mehr Kleidung unterwegs, als eine unmittelbare Notwendigkeit dies legitimieren könnte.

Das ist eine Tatsache – und die braucht dementsprechend sehr viel Stauraum und angenehme Möglichkeiten, komfortabel im Hotelzimmer untergebracht werden zu können. Deshalb:

- große und großzügig ausgestattete Schränke;
- leicht benutzbare Schranktüren, an denen man sich nicht die Finger klemmt;
- eine übersichtliche und sichtbare Gelegenheit, die diversen mitgebrachten Schuhe aufzubewahren – und zwar so, dass sie nicht um- und durcheinander fallen.

Außerdem äußerst wichtig: viele, viele Kleiderbügel und diese ausdrücklich gestaltet für weibliche Kleidung:

- Verwenden Sie auf keinen Fall Bügel mit Diebstahlsicherung (leider sind diese immer noch hin und wieder in Benutzung).
- Bügeloberflächen müssen glatt sein und dürfen keine Risse und Kanten aufweisen, da sonst die Gefahr der Beschädigung der zum Teil aus empfindlichen Materialien bestehenden Frauenkleidung besteht.
- Achten Sie auf ausreichende Schrankhöhe, damit lange Kleider nicht über den Schrankboden schleifen.
- Stellen Sie unbedingt auch Rockbügel zur Verfügung stellen, da Röcke von den üblicheren Hosenbügeln abrutschen oder deformiert werden, dies wird immer wieder von Frauen eingefordert.
- Häufig ist kein Extra-Platz für voluminösere Jacken und Mäntel, die womöglich sogar feucht sind. Frauen reagieren hier häufig sehr verärgert.

Frauen mögen keine „stummen Diener". Damit wirkt das gesamte Hotelzimmer sogleich wie für männliche Gäste hergerichtet. Die Assoziation ist eindeutig männlich (schon der Name). Ein „stummer Diener" taugt gut für Anzüge, ist aber nicht besonders funktional für typisch weibliche Kleidung.

Lösungs-Vorschläge:

All diesen mit Schränken verbundenen Wünschen und der Beseitigung eventueller Mängel können Sie leicht entsprechen:

- Sie benötigen klug, übersichtlich und praktisch sowie großzügig gestaltete Schränke und darin oder gesondert mehrere Elemente mit Schubladen – was auf dem Markt für Hotelmöbel durchaus vorhanden ist.
- Bieten Sie in ausreichendem Maße Kleiderbügel an, die auch für weibliche Kleidung nützlich und benutzbar sind.
- Verspiegelte Schranktüren oder ein Spiegel in der Nähe des Kleiderschranks, in dem frau sich von Kopf bis Fuß betrachten kann sind ein Muss. Außerdem sollten unbedingt noch ein weiterer Ganzkörperspiegel gegenüber vorhanden sein – damit frau ihr Aussehen auch von hinten kontrollieren kann.
- Mehrere Wandhaken außerhalb des Schranks erlauben es Ihren Gästen raumgreifende Jacken und Mäntel oder feuchte Kleidung getrennt von den anderen Kleidungsstücken aufzubewahren.

11.6 Der Safe

Nahezu alle Frauen wünschen einen Safe im Hotelzimmer. Hier kommt wiederum ihr ausgeprägter Hang zur Sicherheit ins Spiel, aber auch jener schon beschriebene Ordnungssinn.

Ein Safe muss

- sicher wirken,
- sicher sein,
- gut und stets funktionieren
- einfach zu bedienen sein.

Ein Safe:

- bietet den erwünschten Schutz für ihre diversen Wertsachen wie Schmuck und Uhren, aber auch für Kreditkarten, Reisedokumente und andere Unterlagen;
- vermittelt neben der Wirklichkeit auch das Gefühl der Sicherheit; deshalb erwarten Frauen, dass ein Safe eben auch sicher aussieht;
- ist ärgerlich, wenn sein Interface und die Gebrauchsanweisung so schlecht gestaltet sind, dass Frauen (wie auch Männer) damit nicht zurechtkommen und den Zimmer-Service zu Hilfe rufen müssen – denn das kränkt das Selbstbewusstsein;
- dient manchen Frauen als Ort ihres privaten Geheimnisses, sie werten ihn also emotional auf und neigen deshalb häufiger, als vielleicht eigentlich notwendig, dazu, ihn zu öffnen und schließen – demgemäß muss der Mechanismus gut und leicht funktionieren.

> Frauen – anders als offensichtlich etliche Männer – haben wenig Freude daran, ausführlich Gebrauchsanweisungen lesen zu müssen, um in Hotels irgendwelche Geräte, die Klimaanlage, die Schränke oder eben den Safe benutzen zu können, und sie mögen auch nicht lange an solchen Geräten herumtüfteln. Offenkundig sind sie zu pragmatisch oder zu nervös und es fehlt ihnen, wenn man das so ausdrücken will, jener männliche Sinn, alles auseinander nehmen zu wollen und an der Kompliziertheit und dann am eigenen Basteln Freude zu haben.

Lösungs-Vorschläge:

Im Hotelzimmer muss es einen Safe geben. Dieser sollte

- für den Gast leicht zu finden sein,
- geräumig sein,
- über eine Innenbeleuchtung verfügen,
- einfach zu bedienen sein,
- gut funktionieren.

11.7 Die Mini-Bar

Es ist erwiesen, dass sich das Essverhalten von Männern und Frauen deutlich unterscheidet (das werden die Restaurant-Angestellten ebenfalls bestätigen): Männer essen mehr Fleisch, weniger Gemüse und noch weniger Salat.

Frauen auf Reisen belassen es nun nicht nur dabei, im Hotel oder außerhalb gesundheitsbewusst zu speisen, sondern - und das ist vielleicht noch nicht so bekannt - die überwältigende Mehrheit der im Rahmen dieser Studie Befragten verlangten eine andere Bestückung der Mini-Bar:

- Schluss mit dem üblichen Junk Food und all dem eingepackten Zeug,
- stattdessen frisches Obst, Joghurt und andere frische Produkte,
- dazu unterschiedliche Gemüse- und Obstsäfte.

Ohne dass wir gesondert danach gefragt hätten, erwähnte die Mehrheit der befragten Business-Ladies ihren deutlichen Wunsch nach kostenlosem Mineralwasser und Obst. Erstens begreifen sie diese beiden Lebensmittel als ein serviceorientiertes Willkommen, und zweitens äußerten sie handfest ihr Missfallen an überzogenen Preisen für Mineralwasser in der Mini-Bar: Sie fühlen sich dadurch geneppt und neigen dann dazu, sich Mineralwasser aus dem Supermarkt mitzubringen. Noch kritischer bewerteten sie, wenn eine große Flasche Mineralwasser auf dem Tisch steht, deren Halsband dann aber den teuren Preis verkündet. So wird der auf den ersten Blick vermeintlich freundliche Service gänzlich zunichte gemacht.

Frauen gehen bewusster und dementsprechend sorgfältiger mit Nahrung um:

- sie denken an ihre Gesundheit und ihren Körper,
- sie pflegen auch mit der Nahrung ihr Aussehen,
- sie vermeiden möglichst Kalorien-Bomben,
- trinken deshalb und aus Gewohnheit normalerweise weniger Alkohol
- und wünschen mehr Mineralwasser und Säfte.

Lösungs-Vorschläge:

Selbstverständlich sollte man diese Wünsche erfüllen, zumal es doch sehr einfach ist, mehr Aufmerksamkeit bei denen, die für die Befüllung der Mini-Bar zuständig sind, zu erreichen:

- Sorgen Sie dafür, dass das Housekeeping weiß, ob das entsprechende Zimmer von einem Mann oder von einer Frau bewohnt wird.
- Erfragen Sie beim Check-in die Wünsche, um dann die Mini-Bar entsprechend zu bestücken.
- Erfassen Sie die Präferenzen, damit beim nächsten Aufenthalt die Mini-Bar bereits individuell zugeschnitten bereit steht.

11.8 Die Spiegel

Offenkundig eine Tatsache: Frauen mögen und brauchen Spiegel. Gelegentlich blikken Frauen auf der Straße sogar in ein Schaufenster nicht deshalb (womöglich ein typisch männliches Missverständnis), weil sie die ausgestellten Waren interessieren, sondern um sich zu spiegeln. Aber dieses Sich-Spiegeln bedeutet mehr als bloße Selbstverliebtheit: Das eigene Aussehen zu checken, dient der Eitelkeit ebenso wie der Kontrolle, ob alles in Ordnung ist. Besonders bei beruflichen Aktivitäten jedoch überwiegt der Überprüfungsblick.

Für das Hotelzimmer bedeutet dies:

- Frauen möchten Spiegel nicht nur im Badezimmer, sondern auch in dem Zimmer, in dem sie während ihres Aufenthalts wohnen, arbeiten und schlafen.
- Unabdingbar ist ein Spiegel in der Nähe des Kleiderschranks, nämlich zur Anprobe der Kleidung.
- Nicht minder wichtig ist ein Spiegel in der Nähe der Zimmertür zwecks schneller Überprüfung vor dem endgültigen Verlassen des Raums.
- Es schadet nicht, wenn an geeigneter Stelle noch der eine oder andere Spiegel installiert ist oder Oberflächen des einen oder anderen Möbelstücks spiegelnd glänzen.
- Sehr wichtig: Ganzkörperspiegel, da ja sonst nicht der gesamte Körper begutachtet werden kann.
- Es braucht unbedingt zwei sich gegenüberliegende Ganzkörperspiegel, denn die weiblichen Gäste suchen immer auch die Rückenansicht, damit keine Körperteile „aussichtslos“ bleiben.
- Selbst wenn genügend Spiegel vorhanden sind, beklagen sich doch fast alle befragten Frauen über schlechte Ausleuchtung: Die Spiegel sind zu dunkel oder blenden, werfen harte Schatten und rufen somit ein ebenso unrealistisches wie unvorteilhaftes Ebenbild hervor.
- Weiterhin wird der Wunsch nach Verstellbarkeit auch der großen Spiegel im Hotelzimmer geäußert.

Also:

- Ganzkörper-Spiegel werden gewünscht, da die Frauen ihr Aussehen nicht auf das Gesicht reduzieren (Männern hingegen reicht das meist), vielmehr ganzheitlich begreifen.
- Es zählt daher auch die Rückenansicht.
- Mehrere Spiegel sind wichtig, da Frauen sich offenkundig – sei es kontrollierend oder angetan – gern selber betrachten.
- Wobei die Spiegel allemal ein vermeintlich reales, möglichst aber ein etwas schmeichelhaftes Abbild liefern sollten (ein bisschen Selbstbetrug schadet dem Narzismus selten).
- Verstellbar sollten die Spiegel sein, um sich rundum und, wenn gewünscht, bestimmte Körperteile genauer betrachten zu können.

> Übrigens: Frauen verlangen gut und weich ausgeleuchtete Spiegel. Sie möchten nicht hart oder krank aussehen.

Lösungs-Vorschläge:

Anders als in vielen Hotelzimmern, so die Erfahrungen der befragten Frauen, üblich, sollte der Gestaltung der Spiegel und deren Anbringung im Raum sehr viel mehr Aufmerksamkeit gewidmet werden.

- Sie müssen genau lokalisiert werden und präzise ausgeleuchtet sein (hier spielt sowohl das gesamte Raumlicht eine Rolle als auch die Möglichkeit einer in die Spiegel integrierten Beleuchtung).
- Spiegel sollten, nicht nur im Bad, unproblematisch verstellbar sein – denn das Design von Spiegeln sollte die Wünsche derer, die sich spiegeln und kontrollieren, berücksichtigen und bessere Lösungen anbieten.
- Eine Innovation wäre die Bereitstellung von beweglichen Spiegeln, die die Gäste im Raum nach eigenen Wünschen und immer wieder anders neu verteilen könnten.

11.9 Die Fenster

Kaum einem Mann, wenn man ihn nach seinen Wünschen für Hotelzimmer befragt, sagt irgendetwas über die Fenster: wohl aber die Mehrheit der Frauen. Und dabei äußern sie folgende Wünsche:

- Unabhängig von oder zusätzlich zu einer Klimaanlage bestehen Frauen darauf, das Zimmerfenster öffnen zu können – und zwar ohne großen Aufwand und vor allem, ohne dafür das Housekeeping rufen zu müssen.
- Zugleich soll das Fenster im geschlossenen Zustand Sicherheit ausweisen.
- Weibliche Gäste legen sehr viel Wert auf Aussicht, sie möchten weder auf eine Häuserwand noch auf ein anderes Hotelfenster vor ihrer Nase starren.
- Am liebsten ist ihnen eine schöne Aussicht; das ist zwar in bestimmten Lagen leichter gesagt als getan, aber die Hotels müssen darauf eingestellt sein, dass die weibliche Klientel darin weniger Toleranz beweist als Männer – schlechte oder keine Aussicht kann zur Forderung nach einem anderen Zimmer führen.

Die Gründe für solche Wünsche an das Fenster des Hotelzimmers sind partiell eigenartig widersprüchlich:

- Nüchtern, wie sie sind, suchen die Frauen Luft zum Atmen; sie misstrauen den „künstlichen“ Klimaanlagen: weil sie die Luft nicht frisch oder weil sie sie unhygienisch (Keime) empfinden. Außerdem, darauf wiesen ziemlich viele Befragte ausdrücklich hin, fühlen sie sich Klimaanlagen „ausgeliefert“, fühlen sich eingeschlossen.
- Anspruchsvoll, wie sie sind, verlangen Frauen eine angenehme und möglichst weite Aussicht.

- Gegenüberliegende Fenster, wenn sie sich zu nahe befinden, irritieren Frauen: Das verletzt die Intimitätsdistanz.

Frauen verweilen häufiger und länger im Hotelzimmer als Männer. Das bedeutet, dass das Zimmer für sie viel mehr Relevanz besitzt (my room is my castle): Es ist Schutz-, Rückzugs- Arbeits-, Ess- und Entspannungsort in einem und umso präziser sollte es für sie und diese vielfältigen Ansprüche eingerichtet sein. Dies gilt insbesondere im Hinblick auf Intimsphäre und frische Luft auch für die Fenster.

Lösungs-Vorschläge:

Die Gestaltung der Fenster, denen normalerweise im Rahmen von Architektur lediglich als Teil der von außen sichtbaren Fassade Aufmerksamkeit geschenkt wird, muss mittlerweile auch als wichtiger Teil des Interior Design viel deutlicher ernst genommen werden:

- Neue, einfache und sichere Mechanismen für das Öffnen und Schließen von Fenstern sind zu entwickeln – soweit sie nicht schon auf dem Markt zu finden sind.
- Da zumindest der Mehrheit der Frauen die Klimaanlage als technische Luftzufuhr nicht angenehm ist oder nicht ausreicht, sollten Fenster von Hotelzimmern zu öffnen sein; kluges Design sorgt auch in großer Höhe für Sicherheit.
- Architektur wirkt manchmal zu eindimensional nur von außen betrachtet und im Kontext anderer Gebäude, sollte aber gerade als Hotel-Architektur ebenso die Sicht von innen nach außen reflektieren, also die Aussicht aus den Fenstern mit gestalten.
- Das sichere Schließen sollte stets ausdrücklich geschehen können, also die Sicherheit demonstrieren.
- Inzwischen existieren vielfältige kluge Lösungen zur Verschattung und Verdunklung der Fenster – es ist allerdings auch eine Preisfrage, wie viel investiert werden kann. Am besten ist es, sowohl geschmackvolle Vorhänge vorzusehen als auch zusätzliche Blend- und Beschattungsmaterialien; deren Bandbreite ist inzwischen enorm: Blendläden, Rollos, Lamellen, Jalousien, Markisen, Sonnensegel, Büsche und Bäume … Je nach Typ und Design des Hotels tragen Fensterbeschattungen, neben Helligkeits- und Temperaturregelung, auch stark zur Atmosphäre bei.
- Frauen nehmen alle Bestandteile eines Hotelzimmers eben auch deshalb genauer wahr, weil sie sich dort häufiger aufhalten als die männlichen Gäste – insofern sind ihre Kommentare aussagekräftiger und demgemäß ernster zu nehmen und umzusetzen.

12 Das Badezimmer

12.1 Badewanne oder Dusche

Das Bad ist für weibliche Hotelgäste ein emotional viel stärker besetztes Areal als für die Männer. Frauen verweilen dort häufiger und länger. Noch bevor die typisch weiblichen und damit in der Regel langwierigeren Aktionen des Sich-Zurechtmachens einsetzen, taucht, mit Blick auf Frauen, eine schwer zu entscheidende Frage auf: Wanne oder Dusche? Am besten, man ahnt es, wären eindeutig großzügige Bäder, in denen beide Objekte Platz fänden. Das ist aber in vielen Hotels räumlich nicht möglich, und auch die höheren Kosten können nicht einfach außer acht gelassen werden.

Jedenfalls bevorzugen etwa zwei Drittel der Frauen die Badewannen, während Männer ganz eindeutig Duschbefürworter sind. Und das entspricht auch unseren Vorstellungen: In Werbungen, die Kosmetik- und Waschprodukte kommunizieren, schäumen Frauen häufig und quasi natürlich gern in Badewannen, manchmal in Duschen. Aber Männer? Erinnert man sich an eine einzige Werbung, in der ein Mann in der Badewanne sitzt, um seine Haare zu waschen? Eben.

Frauen nutzen gerade die Badewanne nach getaner Arbeit, um sich selbst etwas zu gönnen, sich ein wenig zu verwöhnen – sozusagen der „Diana-im-Bade-Effekt". Ihr Badaufenthalt ähnelt – und ersetzt sogar öfter – einem Spa-Besuch: den Wohlfühlfaktor holen sie sich gern im Badezimmer – sofern es sich dafür eignet. Obwohl auch eine Dusche dieses Wellness-Gefühl auslösen kann, ist sie doch insofern alltäglicher, dauert der Duschvorgang normalerweise kürzer und dient, zumindest am Morgen, ja auch eher der effektiven Körperreinigung.

Praxis-Tipp:

Ein größerer Teil der Frauen bevorzugt Badewannen. Versuchen Sie daher bei der Gestaltung von Bädern und der Vergabe von Zimmerreservierungen schon im Vorfeld diese Wünsche zu berücksichtigen.

Demgemäß sind weibliche Ansprüche an die Gestaltung von Duschen oder Badewannen detaillierter und höher als bei Männern:

- Ideal ist eine Badausstattung mit Wanne und Dusche.
- Überhaupt nicht ideal ist ein Duschvorhang.
- Die Frauen, die eine Badewanne präferieren, wünschen sich selbstverständlich eine komfortable und so große Wanne, dass der Körper vollständig mit Wasser bedeckt – denn sonst verkehrt sich der Wohlfühl-Aspekt in ein Ärgernis.
- Die Wanne muss neben dem Wasserhahn einen Duschkopf vorsehen, um die Haare waschen, sich nach dem Bad problemlos den Schaum oder kühl abspülen zu können.

- Der Duschkopf muss sowohl in der Höhe als auch in der Richtung verstellbar sein – und selbstverständlich nie jenes berüchtigte Rinnsal liefern, das nur durch Hin- und Herhüpfen den Körper nässt; stattdessen ein konzentrierter, kräftiger Wasserstrahl und auch der veränderbar nach den jeweils aktuellen Wünschen.
- Ein großes Waschbecken und eine vernünftige Armatur sind ebenso erwünscht.
- Warmes Wasser sollte möglichst schnell präsent sein und die Wärmegrade einfach einzustellen.
- Als unangenehm wird es empfunden, wenn die Dusche spritzt bzw. nicht dicht ist, und der Fußboden „schwimmt".

Praxis-Tipp:

Frauen wünschen keine Nasszelle, sondern ein Wellness-Bad. Sie verbringen hier auch mehr Zeit als Männer.

Frauen schätzen ein gutes Badezimmer, das ihnen mehr Möglichkeiten bietet als effiziente Körperhygiene. Nicht zu vergessen: Da viele weibliche Hotelgäste sich nicht sehr gern allein in der Öffentlichkeit des Hotels zeigen, dient ihnen das Zimmer, besonders aber auch das Bad, nach dem Tagesstress als Refugium, Entspannung, Unterhaltung, Spa in einem. Und deshalb ist es so besonders wichtig, statt der hygienischen Nasszelle, eine kleine Wellness-Oase zu offerieren.

- Badewanne und Dusche sollten auch wirklich einwandfrei funktionieren: kräftiger Wasserstrahl, bewegliche Hähne und Duschköpfe, große Badewanne – denn nur halb mit Wasser bedeckte Körper machen ärgerlich und dienen nicht der Entspannung.
- Nehmen Sie Rücksicht auf weibliche Körpergröße und Körpermaße: deshalb sind in der Höhe verstellbare Duschköpfe so wichtig.
- Trennen Sie die Toilette vom Badezimmer, denn wenn Frauen Wellness-Assoziationen ins Badezimmer transportieren möchten, werden diese schnöde durch den Anblick eines WC gestört. Das Bad dient eher dem Wohlgefühl, die Toilette der Notdurft.
- In Deutschland erstaunlich selten vorhanden, sollte das WC unbedingt auch ein Bidet enthalten. Dies ist für Frauen aus natürlichen Gründen wünschenswert.
- Zum Wohlfühlen gehört selbstverständlich, dass alles unaufwändig und reibungslos funktioniert und dabei nicht bloß funktional, sondern angenehm oder gar auch elegant aussieht, eben dem weiblichen Gast insgesamt schmeichelt.

Lösungs-Vorschläge:

Alle diese Wünsche sind glücklicherweise inzwischen erfüllbar, sie müssen lediglich verstanden und ernst genommen werden.

Mittlerweile wird in Hotels begriffen, dass Badezimmer längst ein Ausweis für Lebensqualität, ja für die wohlige Besinnung auf sich selbst geworden sind. Designer gestalten längst intelligente, einem Spa in klein nachempfundene, manchmal spektakuläre Bäder, Hersteller bieten fertige und Sonderanfertigungen in ausreichender Zahl an – Hotelverantwortliche tun gut daran zu akzeptieren, dass gerade das Badezimmer nachdrücklich über die Qualität eines Hotels Auskunft gibt: Frauen tendieren dazu, nachdem sie mit einem schnellen Blick das Hotelzimmer taxiert haben, sofort das Bad zu inspizieren.

Das Badezimmer ist heute und wird auch in der nächsten Zukunft wichtiger Teil jener „Wellness", die gerade von Frauen im Hotel (zumal als Alternative zur Hektik des Geschäfts) eingefordert wird.

- Das Badezimmer braucht sehr viel mehr Raum als früher, zumal, wenn das WC vom Badbereich abgetrennt ist.
- In den letzten Jahren wurde dies auch von den Unternehmen begriffen, die – so der symptomatisch altmodische Ausdruck dafür – sanitäre Anlagen anbieten.
- Für die Hersteller gehören Hotels, in denen sie ihre neuen Installationen eingebaut haben, zu den besten Ausstellungsorten oder Showrooms ihrer innovativen Produkte; und gerade Frauen werden es ihnen danken.
- Weibliche Gäste schätzen es gar nicht, wenn Badarmaturen und Wassereinstellungen „überdesignt" und dementsprechend unverständlich in der Bedienung sind – welche Frau steht schon gern unter der Dusche und stellt dabei fest, dass sie nun die Gebrauchsanweisung lesen müsste, um diese korrekt bedienen zu können.
- Für Hotels stellt es zweifellos ein Problem dar, dass die Mehrzahl der weiblichen Hotelgäste die Badewanne einer Dusche vorzieht. Denn gäbe es nur männliche Gäste, wäre eine Dusche nicht nur ausreichend, sondern sogar erwünscht. – Vermeiden Sie aber tunlichst, die weiblichen Gäste hier zu vernachlässigen – und sie damit zu enttäuschen.

Ideal ist ein Bad mit Dusche und Wanne, um den unterschiedlichen Bedürfnissen gerecht zu werden. Für die Hotels, die einerseits ohnehin eine Renovierung planen, andererseits aber der Platz im Bad nicht ausreicht, beides nebeneinander zu platzieren, empfiehlt sich eine recht einfache, jedoch überzeugende Gestaltungslösung: Viel weniger Platz nehmen Dusche und Wanne nämlich ein, wenn sie hintereinander eingebaut werden. So könnten die diversen „Wasserbecken" so aufeinander folgen, dass zuerst das am kürzesten, aber häufigsten verwendete Waschbecken zu erreichen ist, dann die eher zu pragmatisch-hygienischen Zwecken benutzte Dusche und dahinter schließlich die zeitlich am längsten „bewohnte" Wohlfühl-Badewanne. Solch eine Anordnung ist auf jeden Fall platzsparender als andere Formationen, und so lässt das Badezimmer keine Wünsche offen – gleichgültig, ob männlich oder weiblich genutzt.

Praxis-Tipp:

Frauen – und alle Befragten formulierten es so krass – hassen Duschvorhänge – die ja auch gern mal, durch den heißen Wasserstrahl bedingt, am Körper kleben. Nicht flexible Duschtüren sind ein Muss.

12.2 Der Spiegel

Selbstverständlich nimmt das Thema Spiegel im Badezimmer eine mindestens genauso gewichtige Rolle ein wie im Hotelzimmer:

- Nicht beliebt sind Spiegel im Badezimmer, die beschlagen und damit den eigenen Anblick gänzlich verhindern.
- Badezimmerspiegel sollten selbstverständlich verstellbar sein.
- Neben einem normalen Spiegel sollte zusätzlich ein Kosmetikspiegel, der vergrößert vorhanden sein, was die meisten Hotels heutzutage schon berücksichtigen.
- die Business-Frauen äußerten heftige Kritik an den unsensiblen Beleuchtungen, wenn sie in den Spiegel blicken: Neon- oder sonstiges weiß-bläuliches Licht müssen Sie unbedingt vermeiden. In diesem Licht erscheint jedes Gesicht am unvorteilhaftesten – und wenn es sich dann noch um den vergrößernden Kosmetikspiegel handelt, möchte besonders die Frau sich kaum noch darin spiegeln.
- Frauen wünschen sich möglichst auch im Bad, im Spiegel von hinten bzw. von allen Seiten sehen zu können.

Wie schon zuvor aus den Befragungen und Interviews und aus den Beobachtungen zitiert:

- Frauen lieben Spiegel.
- Sie wünschen diese auch dann, wenn sie sich nicht nur mitsamt Kleidung beobachten können.
- Dabei kommt es selbstverständlich darauf an, sich von allen Seiten betrachten zu können.
- Beschlagene Spiegel verärgern, weil sie den Blick versperren und so tun, als gäbe es die Frau gar nicht.
- Frauen möchten sich auch im Badezimmer prüfend rundum betrachten können.
- Weibliche Hotelgäste nutzen Spiegel länger und für mehr überprüfende Aktivitäten als Männer: die Präzision der Frisur, die Spuren von Cremes zu beseitigen, Make-up korrekt auftragen, Gesichtshärchen auszupfen … .

> Frauen nehmen offenkundig deutlicher als Männer wahr, dass Spiegel – egal, ob im Zimmer oder im Bad – immer auch den Raum widerspiegeln, also ihn prägen und eigenartig erweitern. Im Spiegel sehen sie immer auch sich selbst und als Teil des Raums. Für Frauen ein wichtiges Moment der Aneignung des Zimmers und der Stimmigkeit zwischen sich und dem Raum.

Lösungs-Vorschläge:

Eigentlich können Sie alle diese Ansprüche einfach einlösen:

- sehr wichtig: kluge, sensible, blendfreie, warme, ausreichend helle Ausleuchtung;
- diverse und jeweils intelligent verstellbare oder bewegliche Spiegel;
- Bauen Sie auch im Badezimmer einen Ganzkörper-Spiegel ein – oder besser noch einen zweiten „Rückspiegel“.

- Verwenden Sie hierbei Spiegel, die nicht beschlagen. Diese sind heute längst verfügbar.
- Ebenso sollten jene Spiegel vergrößern und ein halbwegs korrektes und auf jeden Fall sympathisches Abbild liefern.

12.3 Die Ablagen

Über Ablagen und Stauraum wurde bereits ausführlich berichtet – aber die Ablagen im Badezimmer erfahren folgende zusätzliche Anforderungen:

- Entgegen dem, was sich in vielen Hotels im Badezimmer findet, verlangen die weibliche Geschäftsreisende ausdrücklich sehr viel Ablage, viel mehr, als gewöhnlich angeboten wird.
- Diese Ablageflächen sollten die kleinen Döschen und Tiegel in Ordnung und Übersicht halten.
- Gänzlich unpraktisch als Ablage ist der Waschtisch, in oder auf dem sich das Waschbecken befindet: Jedes Händewaschen ist mit Spritzern verbunden, die die Hygiene- und Kosmetikartikel befeuchten;
- Sinnvolle Ablagen braucht es auch im Rahmen der Badewanne sowie der Dusche, um alle Waschartikel in Griffweite aufzubewahren.

Frauen tendieren leidenschaftlich dazu, gerade im Badezimmer viele der von den Hotels meist im Bereich der Waschbecken angeordneten Aufsteller, Lotions und andere oft ebenso vielfältige wie überflüssige Accessoires wegzuräumen und irgendwo anders hinzustellen (notfalls hinter den Fernseher im Zimmer, wenn sonst kein Platz vorhanden ist). Unabhängig davon, ob die vom Hotel bereit gestellten Hygieneartikel den Geschäftsfrauen zusagen oder nicht: Sie haben auf jeden Fall immer noch eigene Lotions und Kosmetika dabei; und deshalb brauchen sie auch mehr und sinnvoll angebrachte Ablagen.

Dies spricht allerdings einmal mehr für die weibliche Haltung, sich selbst im Badezimmer, also im gewissermaßen privatesten Bereich, persönlich einzurichten – und ohnehin erst einmal aufzuräumen.

Klar:
Weibliche Hotelgäste wissen selbst am besten, was sie für ihre Körperpflege und für ihr Aussehen benötigen. Demgemäß müssen ausreichend Ablagen für die Menge der Utensilien verfügbar sein, die sie mitbringen. Dass häufig zu viele der überhaupt vorhandenen Ablagen in Badezimmern zu nahe an Wasserhähnen platziert sind und deshalb sehr schnell feucht werden, stört gewiss nicht allein die weiblichen Hotelgäste. Diese jedoch bemerken das eher und merken es auch an.

Lösungs-Vorschläge:

Es ist eher eigenartig, dass in Hotelbadezimmern die so dringend gewünschte Menge an Ablagen häufig nicht geboten wird. Dabei ist doch recht einfach, wenngleich selbstverständlich genau zu gestalten, solche Ablagen einzurichten:

- Dringend sollten Sie von der üblichen Weise Abstand nehmen, die unmittelbare Umgebung des Waschbeckens als die zentrale Ablagefläche im Badezimmer anzubieten.
- Richten Sie vielmehr Ablagen ein, die von Spritzwasser entfernt und gleichwohl in Reichweite sind.
- Belegen Sie außerdem nicht alle verfügbaren Ablageflächen im Badezimmer schon durch Utensilien des Hotels.
- Schubladen sind oft besser geeignet als offene Flächen.
- Achten Sie auch auf vernünftig gestaltete Ablagen in den Duschen und an der Badewanne.

Praxis-Tipp:

Frauen haben in den Befragungen und Interviews nicht ein einziges Mal erwähnt, was in zeitgenössisch gestalteten Hotels in Badezimmern mittlerweile so häufig, und womöglich von Männern sehr geliebt, angeboten wird: Nämlich die Möglichkeit, auch dort am Fernsehprogramm oder zumindest am Hörfunk teilzunehmen. Offenbar, so die versuchte Begründung, sind weibliche Hotelgäste nicht so sehr daran interessiert, sich dadurch ablenken oder zusätzlich berieseln zu lassen – womöglich konzentrieren sie sich eher im Badezimmer auf sich selber, auf ihren Körper und darauf, was ihnen gut tut.

12.4 Die Accessoires

Im Kontext von Hotel-Badezimmern interessiert, so hat die vorliegende Studie eindeutig erwiesen, die in Hotels übernachtenden Geschäftsfrauen zusätzlich zu den schon zuvor genannten Aspekten vor allem:

- das Vorhandensein eines wirklich guten Föhns, der eben nicht zu heiß, nicht zu laut, nicht zu schwach pustet; unerträglich finden Frauen die zum Teil immer noch existierenden Haartrockner, die an der Wand befestigt, laut und ineffektiv sind und an denen sich alle die Finger verbrennen;
- täglich mindestens eine neue Duschhaube;
- gute Marken-Shampoos, -Seifen, -Lotions statt irgendwelcher No-Name-Produkte.
- Absolutes No Go: am Waschbecken und an der Badewanne oder Dusche fest installierte Seifenspender aus Kunststoff, die nachgefüllt werden.
- Am wichtigsten ist laut Aussagen aller Frauen, dass für sie ein weibliches „Emergency Kit" angeboten wird, eben für alle Notfälle inklusive Nagelnecessaire, Nähutensilien – vor allem aber women only-Produkte: weibliche Hygiene-Produkte, Basic Make-up, möglichst auch Ersatz-Strumpfhosen.

Alles dies ist gut begründbar:
Frauen nervt es, wenn sie im Badezimmer Kosmetik- und vergleichbare Produkte finden, die ganz banal nicht ihrer (selbstverständlich an Marken orientierte) Vorstellung von Qualität entsprechen, sondern als Werbe-Aktionen auftreten.

Es ist eigentlich keine große Aktion und auch nicht besonders teuer, im Hotel einen funktionalen und qualitätshaltigen Föhn anzubieten. Doch die meisten Föhne in solchen Badezimmern sind erstaunlich katastrophal in technischer Gestaltung, obwohl sie für das Wohlbefinden und die praktische Funktion, der Frisur eine Facon zu bieten, so wichtig sind.

Wenn vernünftige Duschhauben fehlen, artikuliert das eine gewisse Ignoranz gegenüber weiblichen Hotelgästen und wird von diesen als solche sofort verstanden.

Völlig berechtigt möchten weibliche Hotelgäste mit ihren eventuellen Nöten und Bedürfnissen deutlich angesprochen werden, weshalb ein zusätzliches ihnen gewidmetes weibliches Angebot sehr gewürdigt wird.

Praxis-Tipp:
Frauen schätzen sehr, wenn Hygiene- und Kosmetikprodukte hoher Qualität zur Verfügung gestellt werden. Dabei sollte, neben dem Hotelnamen, immer auch der Kosmetikbrand mit genannt sein: das könnte sogar ein gutes Geschäft auf Gegenseitigkeit werden: Dem Hotel werden die Artikel kostenlos oder sehr preiswert zur Verfügung gestellt, und das Kosmetikunternehmen hätte sich bei einer interessanten Zielgruppe gut gebranded. Wichtig ist hierbei, dass das Angebot nicht als Werbe-Bauchladen verstanden wird.

Lösungs-Vorschläge:

Es ist eigentlich nicht verständlich, dass manche Hotels genau diesen Wünschen ihres weiblichen Klientels nicht längst entgegenkommen, denn diese so häufig geäußerten Interessen sind relativ einfach zu befriedigen und sorgen für Dankbarkeit:

- Es gibt im Markt funktionierende, gut handhabbare und zumal für die Ansprüche von Frauen brauchbare Haartrockner, man muss seitens der Hotels diesen Anspruch lediglich ernst nehmen.
- Duschhauben müssen überhaupt und täglich neu angeboten werden, andernfalls spricht das für Desinteresse an den Kundinnen oder für ein schlechtes, weil unaufmerksames Housekeeping.
- Die im Badezimmer angebotenen Shampoos, Seifen und – schon seltener – Kosmetika können ein Ausweis der Qualität des jeweiligen Hotels gerade für die Business-Frauen sein – allerdings nur, wenn es sich um Premium-Produkte und bekannte Marken handelt.
- Unter dieser Bedingung dürften sich interessante Kooperationen zu günstigen Bedingungen mit den entsprechenden Unternehmen für Pflegeprodukte ergeben.
- Ein „Emergency Kit“ für weibliche Hotelgäste erhöht die Kundinnenbindung und könnte ein echtes Alleinstellungsmerkmal werden.

13 Das Frühstück

Ein Mann wird das vielleicht nicht verstehen: Für weibliche Alleinreisende sind eigentlich alle (halb)öffentlichen Zonen im Hotel etwas heikel. Das gilt auch für einen so geschäftigen Raum wie zum Beispiel den, in dem morgens das Frühstück angeboten wird.

Das ist ein Grund dafür, so unsere Analyse, warum uns viel Geschäftsfrauen sagten, sie würden den Frühstücksraum gar nicht aufsuchen, sondern entweder auf dem Zimmer frühstücken oder noch häufiger nur schnell einen Kaffee oder Tee zu trinken. Ihr Argument, „morgens habe ich keine Zeit", ist sicher teilweise nicht der alleinige Grund. Vielmehr darf konstatiert werden, dass sie sich damit der öffentlichen Aufmerksamkeit entziehen wollen, der sie sich bei einem Aufenthalt im Frühstücksbereich ausgesetzt fühlen.

Frauen nutzen den Frühstücksraum weniger als Männer; sie tendieren eher dazu, bis zum Verlassen des Hotels in ihrem Hotelzimmer zu bleiben. Frühstück auf dem Zimmer wird zwar öfter von Frauen als von Männern wahrgenommen, viele Business-Ladies aber essen morgens auch gar nichts, trinken nur schnell einen Kaffee oder Tee.

Beim hotelöffentlichen Frühstücken treffen viele Hotelgäste aufeinander. Hier erweist sich die soziale Kompetenz von Hotels, den unterschiedlichen Gästen intelligent und unaufdringlich die jeweilig für sie angenehmste Sitzmöglichkeit im Frühstücksareal anzubieten, sich im Raum zurechtzufinden und den gewünschten Sitzplatz zu finden.

Frauen sind hier besonders aufmerksam, geht es doch beim Frühstücken in sozialen Situationen um das eigene Verhältnis zur angebotenen Geselligkeit und um die Möglichkeit, darin den gewünschten Platz zu finden. – Das führt unter anderem zu folgenden Aussagen:

- Der Frühstücks-Raum soll unbedingt hell und übersichtlich sein.
- Frauen bevorzugen es, vom Hotelpersonal platziert zu werden, aber bewusst und mit einem guten Händchen für einen angenehmen Platz.
- Die Tische dürfen nicht zu eng beieinander stehen.
- Gewünscht werden auch kleine Tische, die ausdrücklich für eine Person vorgesehen sind. Allerdings sollten sie groß genug sein, um neben dem Frühstück nicht nur die Zeitung gelesen, sondern auch am Laptop gearbeitet werden kann.
- Außerdem sollten diese Tische durchaus auch am Fenster oder in anderen privilegierten Bereichen des Raums zu finden sein.

- Frauen mögen aber keinesfalls in der Raummitte, „auf dem Präsentierteller", sitzen.
- Im Falle eines Frühstücksbuffets möchten sie allerdings nicht zu weit von diesem entfernt sitzen.
- Es gibt bei den Frauen keinen eindeutigen Trend, ob sie ein Buffet oder ein Frühstück à la carte bevorzugen.
- Sicher aber ist, dass sie frische Kost vorziehen: Obst, fertig angerichtetes Müsli und wirklich frische Säfte, also keine, die abgestanden schmecken.

Diese Wünsche können allesamt einleuchtend begründet werden:
Ein heller Raum macht fröhlicher und bietet so die Gelegenheit für einen guten Start in den Tag.

Immer, wenn es um soziale Räume geht, agieren Frauen sehr aufmerksam - es ist ihnen nicht egal, wo sie sitzen, selbst wenn es nur um ein schnelles, kurzes Frühstück geht.

Dass sie sich ungern eigenhändig ihren Frühstücksplatz suchen, hat wieder einmal mit einer gewissen Unsicherheit zu tun: Ist der Frühstücksbereich nicht sehr voll, fühlen sie sich zu exponiert, wenn sie den Raum durchqueren; ist er sehr voll, verunsichert das „Umherstreifen", um einen leeren Platz zu finden. In beiden Fällen fühlen sie sich unbewusst unter Beobachtung, und das gilt für kleine wie für große Räume gleichermaßen: in kleinen wird die Intimitätsdistanz verletzt, in großen ist der öffentlich suchende Weg zu weit, als dass die Durchquerung - zumindest für das weibliche Empfinden - unauffällig erfolgen könnte.

Ähnliches trifft für den nicht allzu weit vom Buffet entfernten Tisch zu: Frauen mögen keinen morgendlichen Catwalk.

Lösungs-Vorschläge:

- Richten Sie Tische für Einzelpersonen ein. Diese ermöglichen die oft gewünschte Distanz.
- Positionieren Sie diese Tische auch in schönen Arealen des Raums. Eine andere Anordnung könnte sonst nach Diskriminierung aussehen.
- Die Tische sollten trotzdem groß genug sein, um daran arbeiten zu können - denn Frauen entziehen sich in solchen sozialen Räumen gern der Notwendigkeit, im Raum herumschauen und so vermeintlich Kontakt zu anderen Gästen aufnehmen zu müssen, und etablieren deshalb an ihrem Tisch einer Arbeitsatmosphäre.
- Bieten Sie auf sowohl Buffets und à la carte an. Die Frage, ob Buffets oder à la carte ist nicht zu lösen, da hier das Interesse einiger, die Produkte und auch deren Menge eigenständig aussuchen zu können, den Interessen anderer widerspricht, gar nicht erst sich am Büfett drängeln und sich deshalb lieber einem guten Service anvertrauen zu wollen. Wieder einmal wäre es für Frauen am besten, wenn sie die Wahl hätten.

- Eindeutig ist, dass Frauen, vor allem eben Geschäftsfrauen, sehr wenig Interesse haben, ein üppiges Frühstück oder schwere Kost zu sich zu nehmen, deshalb mögen sie frische Kost und frische Säfte.

Nun hat sich in den meisten gut geführten Hotels mittlerweile die Einsicht durchgesetzt, ein modernes, also frisches und auch frisch aussehendes Frühstück anzubieten. Das kann man gewiss im Hinblick auf die Wünsche weiblicher Hotelgäste im Detail noch verbessern. Auch die kluge und sozial kompetente Anordnung von Tischen bedarf lediglich nachdenklicher und fürsorglicher Gestaltung dieser Räume.

In jenen Hotels, in denen der Frühstücksraum aus welchen Gründen auch immer nicht mit Tageslicht ausgestattet ist, braucht es unabdingbar eine sehr kluge und professionelle Gestaltung künstlichen Lichts, das den Raum klar erhellt und wie Tageslicht wirkt. Gäste werden ihr Frühstück zweifellos lieber in Räumen mit Fenstern zu sich nehmen, da sie so schon am Morgen ein Bezug zur Außenwelt herstellen und diese beobachten können, was ihnen Ablenkung ermöglicht.

Aber es frühstücken doch erstaunlich viele der von uns befragten weiblichen Hotelgäste gar nicht richtig oder lieber schnell im eigenen Zimmer: Das spricht dafür, dass noch immer nicht alle Hotels verstanden haben, wie wichtig solche Räume und darin stattfindender Service sind und wie bedeutend deren intelligente Gestaltung gerade für Frauen ist.

Einige der neuen Trends preiswerterer und Mittelklasse-Hotels sehen indes die öffentlichen Gasträume des Hotels insgesamt verändert: Hier wird auch, aber nicht nur, der Frühstücksraum durch ein anderes System ersetzt, das auf Self-Service basiert

Eines allerdings können wir hier mit Fug und Recht raten: Solche „Kiosk"- und Selbstbedienungskonzepte eignen sich für die alleinreisende Geschäftsfrau überhaupt nicht, sind eher kontraproduktiv: Denn diese Gäste wollen ja gerade einen guten Service, persönlich und vertrauenswürdig!

14 Das Restaurant

Das, was soeben für den Frühstücksraum festgestellt wurde, gilt auch für etliche Hotel-Restaurants. Eine sensible Gestaltung und empathischer Service sind für Frauen besonders wichtig. Denn eine Reihe weiblicher Gäste verlässt namentlich abends ungern alleine das Hotel – es sei denn, sie sind irgendwo anders mit jemandem zum Abendessen verabredet.

Ganz im Gegensatz zum Business-Mann: Der hat nicht nur keine Probleme mit dem abendlichen Auswärts-Essen, sondern ungekehrt gefällt den Meisten die Idee, die abendliche Stadt zu erkunden.

Umso eindeutiger sind demgemäß die Vorstellungen der Frauen über Einrichtung, Angebot und Service im Hotel-Restaurant.

14.1 Die Einrichtung

Beginnen wir mit der Einrichtung:
Erneut suchen Frauen in diesem sozialen Raum einen Platz, der auf sie zugeschnitten, für sie eingerichtet und angerichtet ist. Also eindeutig, aber mit leichter Hand, als Tisch für eine Person ausgewiesen ist. Ähnlich wie im Frühstücksraum sollten sich solche Plätze durchaus an der jeweils äußeren Peripherie des Restaurants befinden, aber keineswegs an den eher ungemütlichen Rändern, sondern an den Fenstern oder anderen attraktiven Positionen.

Was die Beleuchtung betrifft, so erweist sich in dieser Situation, dass der Raum nicht völlig hell ausgeleuchtet sein sollte. Vielmehr ist es wünschenswert durch Licht eine leicht herstellbare Möglichkeit zu schaffen, sich ein wenig privat am Tisch, also separiert von den anderen fühlen zu können, ohne dass dadurch der Rest des Raums in Dunkelheit versinkt. Zugleich muss der Tisch wiederum so gut mit Licht versehen sein, dass frau daran lesen oder arbeiten kann oder zumindest so eine Situation vorstellbar ist.

Frauen bilden in sozialen (Hotel)Räumen gern einen imaginären Schutzwall um sich herum.

Verständlicherweise wollen Frauen, wenn sie im Hotel-Restaurant allein zu Abend essen, sehr genau den für sie geeigneten Tisch finden, denn:

- Sie möchten nicht auf dem Präsentierteller sitzen.
- Sie möchten andererseits vermeiden, dass sie schüchtern oder einsam wirken, man womöglich Mitleid mit ihnen haben müsse.

- Deshalb auch der Wunsch nach einem gut organisierten Raum und darin die Anordnung des Tisches am Rand, da dieser Übersicht gewährt (eine gewisse Neugier am Geschehen im Restaurant ist ja unvermeidbar), ohne selber im Mittelpunkt anschaulich zu sein.
- Die Rand-Platzierung darf aber nicht als Ausgrenzung erscheinen und braucht deshalb eine angenehme Verortung.
- Sich hinter einem Buch o.ä. verstecken zu können, ermöglicht der Frau, selbst zu entscheiden, wen sie sehen und wann sie gegebenenfalls gesehen werden möchte, ohne dass dies als solches auffällt.

Frauen möchten im Regelfall darüber verfügen, wann und mit wem sie kommunizieren – und wenn sie Kontakt suchen, dann werden sie dies schon verdeutlichen.

Lösungs-Vorschläge:

Dem weiblichen Restaurantbesuch sollte besondere Aufmerksamkeit geschenkt werden. Dabei bedarf es einer „weichen“ Strategie: Die Tischanordnung und das Lichtdesign müssen eine doppelte, auf den ersten Blick widersprüchliche Funktion erfüllen: vor neugierigen Blicken schützen bei gleichzeitiger guter Raumübersicht.

- Nutzen Sie relativ kleine runde Tische. Diese markieren das weibliche Territorium.
- Angedeutete oder fiktive Nischen verstärken das Gefühl von Intimität (nicht: Abgrenzung).
- Semitransparente, dezent angedeutete Raumteiler aus weichen, fließenden Materialien verstärken den Eindruck von Eleganz und angemessener Distanz.
- Eine reale Aussicht (nach draußen), hilft, weibliche Unsicherheiten (Wo soll ich denn nur hinschauen?) zu minimieren.

Aber neben diesen Entwürfen, die Schutz und Distanz vermitteln, gibt es auch ein geradezu gegenteiliges Konzept, das ein Teil der von uns befragten Frauen durchaus attraktiv fände: größere Tische, an denen Restaurantbesucherinnen, die sich nicht kennen, aber lieber nicht allein speisen möchten, zusammengebracht werden. Weibliche Hotelgäste, denen die verunsichernde Erfahrung des Alleinseins in der Öffentlichkeit durchaus gemeinsam ist, könnten solch einen Restaurantbesuch als zumindest erleichternd, angenehmer und mit ein wenig Glück sogar spannend finden: Überwindung der Einsamkeit durch female networking.

Nebenbei: Dieses Konzept braucht überhaupt keine besonderen Neugestaltungen des Restaurants, dafür feinfühliges Restaurant-Personal, dem es gelingt, einzuschätzen, wann und für wen und mit wem zusammen dieses Service-Angebot angemessen wäre.

Solch ein Angebot könnte aber auch direkt beim Einchecken an der Rezeption kommuniziert und entsprechend notiert werden.

> **Praxis-Tipp:**
> Bieten Sie Ihren weiblichen Hotelgästen an, sie bei Interesse im Restaurant gemeinsam an einen Tisch zu setzen.

14.2 Der Service

Gerade, wenn sie alleine zum Abendessen in das Hotel-Restaurant kommt, verlangt die Frau einen sehr aufmerksamen und zugleich unaufdringlichen Service:

- Eine höfliche Begrüßung am Eingang und unaufwändiges Geleit zu einem entsprechend angenehmen Tisch sind selbstverständlich.
- Bei der Auswahl der Gerichte und Getränke schätzen die Business-Frauen, sowohl als Person mit ihren Vorlieben wiedererkannt und entsprechend beraten zu werden – sofern sie bereits zuvor in diesem Hotel abgestiegen sind.
- Der Service sollte damit rechnen und sich darauf einstellen, dass alleinspeisende Gäste (und für Frauen gilt das wegen ihrer Verunsicherung verstärkt) schneller essen und kürzer bleiben als in Gesellschaft und sollte deshalb sehr schnell die Richtung potentieller Speisen- und Getränkewünsche erahnen, um dementsprechend beraten zu können.
- Nachfragen zu den Speisen und Getränken sollten ernst genommen und als Interesse interpretiert werden.
- Ein zusätzlicher Service, der von einigen alleinspeisenden weiblichen Gästen sehr geschätzt wird, umfasst das Angebot von Lektüre – das können Zeitungen und Zeitschriften ebenso sein wie Bücher, Restaurant-Führer o.ä.
- Und noch eine Dienstleistung sollte problemlos vom Servicepersonal im Restaurant oder – was gewiss häufiger vorkommt – an der Rezeption bzw. Concierge angeboten werden: nämlich gegebenenfalls der qualifizierte Rat, in der näheren Umgebung des Hotels (und sei es der Abwechslung wegen) ein vorzügliches und angenehmes anderes Restaurant zu empfehlen.

Mit gutem Recht vertragen Frauen nicht, wenn die Bedienung im Restaurant ihnen gegenüber arrogant oder so auftritt, als seien sie nicht sehr kompetent, sich in (besseren) Restaurants allein richtig zu verhalten, die Qualität der Küche beurteilen oder klug entscheiden zu können, was sie bestellen möchten. Immer noch stoßen sie hin und wieder auf hintergründige Arroganz – das darf nirgendwo im Hotelservice passieren.

Hingegen schätzen Frauen durchaus, wenn sie vernünftig beraten werden, denn sie sind allemal interessiert an guten Ratschlägen. Sie mögen gelegentlich durchaus die Kommunikation mit dem Servicepersonal, wenn diese kompetent, aufschlussreich und dezent geschieht; denn dies kann eine angenehme Abwechslung von der Sprachlosigkeit sein, die das Alleinspeisen in guter Form unterbricht.

Das Angebot von möglichst angemessener Lektüre hilft der alleinspeisenden Frau, insbesondere die Pausen zwischen den Gängen plausibel zu unterbrechen und sich zugleich gegenüber anderen Gästen als beschäftigt auszuweisen.

> Frauen verfügen – das ist wissenschaftlich erwiesen – über sehr viel mehr physiologisch gegebene Geschmackssensoren als Männer und können demgemäß beispielsweise die Qualität von Wein oder auch der Speisen sehr viel besser beurteilen.

Lösungs-Vorschläge:

Nicht nur Hotels, sondern auch deren Restaurants müssen lernen, sich noch besser auf weibliches Klientel und deren Anforderungen, Bedürfnisse, Interessen und Wünsche einzustellen:

- Insbesondere die Bedienung muss lernen, Frauen als Gäste zu schätzen, zu würdigen und richtig zu bedienen;
- Weibliche Gäste bilden kein Problem in Hotel-Restaurants, sondern werden zusehends Ausweis von deren Service-Qualität.
- Weibliche Gäste können zum Gradmesser der Restaurant-Atmosphäre werden – sozusagen agieren sie als Testerinnen, auch wenn sie das offiziell nicht sind.
- Eine bessere kommunikative Schulung des Service-Personals kann im Hinblick auf weibliche Gäste keineswegs schaden.
- In Hotels liegen ohnehin normalerweise Publikationen aus. Diese sollten auch im Restaurant des Hotels verfügbar und angeboten werden.
- Jegliche Arroganz oder Missachtung der weiblichen Gäste sind ebenfalls im Hotel-Restaurant strikt und auch ernsthaft zu vermeiden.
- Damit ist grundsätzlich die Einstellung gegenüber weiblichen Gästen in den Hotel-Restaurants zu überdenken und der heutigen Realität gemäß zu qualifizieren.

14.3 Die Küche

Eine sorgfältige Qualität der Küche und des Weinkellers wird ebenso an dieser Stelle als selbstverständlich unterstellt wie eine klug und informativ gestaltete Speisekarte. Zusätzlich gilt:

- Die Speisekarte sollte eine große Auswahl an kleineren Gerichten und einen Teil der Speisen auch als halbe Portion anbieten.
- Genügend Auswahl an leichten, vitaminreichen Gerichten sollte auf der Speisekarte zu finden sein, darunter diverse Salate und frische Desserts (Obst).
- Auch gute Weine sollten möglichst nicht nur als Flasche bestellbar sein, sondern auch glasweise.
- Nicht nur im Hotelzimmer, sondern auch im Restaurant würde besonders von den weiblichen Gästen kostenloses Wasser als besonderer Service begeistert aufgenommen werden.

- Das abschließende Gespräch mit der Köchin oder dem Kochs schmeichelt dem weiblichen Gast und vermittelt ihr, dass sie ebenso relevant ist wie anwesende Paare oder Männer. Das ermöglicht ihr zugleich, sich kompetent (kritisch oder hoffentlich eher anerkennend) über das Essen zu äußern.

Praxis-Tipp:

Frauen wandeln Vorgaben gern um (so, wie sie häufiger nach erster Besichtigung ihr Hotelzimmer wechseln möchten): Sie verändern gern ein vorgegebenes Gericht, etwa, indem sie auf bestimmte Beilagen verzichten (zum Beispiel auf Kartoffeln oder Saucen), und stattdessen Salat oder anderes dazu bestellen. Das sollte die Küche nicht nerven, vielmehr als berechtigter Wunsch freundlich erfüllt werden.

Lösungs-Vorschläge:

Zweifellos ist ein Muss auch für die Küche von Hotel-Restaurants, die zunehmende Existenz weiblicher Gäste und deren spezifische Ansprüche und Kompetenzen zu verstehen:

- Nehmen Sie mehr leichte Speisen in Ihr Angebot auf.
- So sehr auch die Küche von ihren eigenen Kreationen überzeugt ist, akzeptieren Sie dennoch besondere Wünsche der weiblichen Gäste und verstehen Sie diese womöglich sogar als Anregung.
- Halten Sie auf Ihrer Weinkarte im Hotel-Restaurant genügend leichte Weine vor.
- Ein guter Service: Bieten Sie auch hervorragende Weine per Glas an, denn Frauen trinken häufiger Wein als Männer, dafür aber quantitativ weniger.
- Das Gespräch der Köchin oder des Kochs schafft kommunikative Verbindlichkeit und Vertrauen.

15 Die Bar

Zweifellos ist für viele weibliche Gäste die Hotel-Bar der komplizierteste Bereich, um sich dort allein aufzuhalten. Denn traditionell ist die Bar männlich konnotiert und die Frau betrat diesen Ort lange Zeit nur in männlicher Begleitung. Die Assoziation zu Frauen, die in einer Bar auf Männer warten, scheint nahe zu liegen – und diesen Eindruck möchten sie die Business-Ladies unbedingt vermeiden.

Da muss sich also dringend etwas verändern angesichts mittlerweile so vieler aus geschäftlichen Gründen reisenden Frauen, die eben alle Angebote des Hotels wahrnehmen möchten: auch die Bar als einen Ort, sich zu entspannen, den Tag ausklingen zu lassen und dazu etwas Leckeres zu trinken.

15.1 Die Einrichtung

Es gibt einen weit verbreiteten Typ von Hotelbar, der – ohne dass dies bewusst sein muss – auf Männer zugeschnitten scheint: viel und dunkles Holz, ziemlich düstere Beleuchtung, keine Fenster – alles wirkt sehr rustikal. Und Rustikalität spricht Frauen nicht an, es demonstriert ihnen sozusagen männliches Terrain und macht es dadurch noch schwieriger, diesen Raum auch als den ihren zu begreifen.

- Erneut spielt das Licht eine wichtige Rolle, denn die Bar soll eine freundliche Atmosphäre ausstrahlen und keine düstere.
- Diese Atmosphäre wird durch das Mobiliar unterstrichen: Frauen mögen keine schweren Möbel.
- Wenn Frauen allein eine Hotel-Bar aufsuchen, setzen sie sich öfter an den Bar-Tresen, oder sie ziehen sich in eine Ecke zurück.
- Häufig haben sie Arbeitmaterialien um sich herum arrangiert: Laptop, Papiere, Mobiltelefon, Schreibstift …

Laut Beobachtungen von Barkeepern hat die Kleidung weiblicher Gäste Signalwirkung: Frauen im Hosenanzug (Business Suit), werden – so die Beobachtungen – insbesondere dann, wenn sie auf dem Barhocker sitzen, kaum von Männern angesprochen oder betrachtet. Rock oder Kleid dagegen scheinen für Männer Freizeit und damit mögliche Kommunikationsbereitschaft zu signalisieren.

Frauen fühlen sich in der Bar besonders schnell beobachtet. Hier wird die Erfahrung, allein unterwegs zu sein – und dann noch auf einem Terrain, das stark durch Männer markiert ist – drastisch bewusst.

- Wenn die Bar eher wie eine Kneipe wirkt, verstärkt sich das Gefühl für weibliche Gäste, am falschen Platz zu weilen.

- Gerade eine Bar, die abgeschlossen und vielleicht sogar noch weit entfernt von den Fahrstühlen oder der Rezeption liegt, ist für Frauen unangenehm.
- Schwere Möbel, schwarze oder dunkelbraune Ledersessel und -sofas wirken auf den Gast wie ein Herrenzimmer und sind somit ungeeignet für weibliche Gäste.
- Business-Frauen setzen sich deshalb an die Bar, weil sie dann einen Fixpunkt haben; den Barkeeper oder die Barkeeperin, mit dem oder der sie reden können, denn sie sind sehr besorgt, dass sie irrtümlich den Eindruck erwecken könnten, sie seien auf der Suche nach einer Männerbekanntschaft.
- Andere Frauen verkriechen sich geradezu in eine dunkle Ecke der Bar, um möglichst wenig aufzufallen; um das zu untermauern, bauen sie einen Schutzwall aus nach Arbeit aussehenden Objekten: egal, ob sie wirklich arbeiten (müssen) oder nur so tun. Diese Aktivität gibt ihnen Sicherheit und demonstriert nach außen: Ich bin schrecklich beschäftigt!

Lösungs-Vorschläge:

- Verwenden Sie statt schwerem, englisches Herrenzimmer assoziierenden oder rustikalem (Förster, Kneipe) Mobiliar lieber moderne oder elegant gestaltete, helle und leichte Möbel.
- Da Frauen sicherheitshalber oft den Bar-Tresen den Sitzecken vorziehen, sollten Sie auch hier für eine angemessene Gestaltung sorgen: – nicht so eng gestellte Hocker, nicht zu hohe Hocker, ein nicht zu schmaler Tresen, damit eine gewisse Distanz auch zum Bar-Tender hergestellt und das Arbeiten oder zumindest Lesen möglich sind.
- Für weibliche Hotelgäste eignen sich normalerweise „Open Space Bars" besser, also solche, die Teil einer großen Lobby sind, in der sich noch andere Fazilitäten wie Rezeption und Wartezonen befinden.
- Mit semitransparenten Materialien oder Paravents können Sie den Barraum im Raum klug abgrenzen und zugleich in das Gesamtensemble integrieren. Diese geschützte Offenheit, Helligkeit und Lebendigkeit erleichtert, und macht alles leichter.

15.2 Der Service

Selbstverständlich wird ein kompetenter Bar-Tender oder Barkeeperin ebenso erwartet wie kompetente und freundliche Kellnerinnen und Kellner, die sich auf die spezifischen Interessen weiblicher Gäste unproblematisch einlassen und die damit aufmerksam umgehen.

Sitzt eine Frau an der Bar-Theke, dann verlangt dies vom Bar-Personal ein ausgesucht sensibles Verhalten. Nähe und Distanz sind hier sehr genau auszutarieren.

Wenn der entsprechende weibliche Gast am Tresen eine gewisse Kommunikation sucht, so meint dies weitgehend lediglich Getränke-Beratung und vielleicht noch eine leichte Konversation, keineswegs jedoch ausführliches Schwadronieren.

Frauen trinken in der Bar eher auch mal einen Cocktail – und lassen sich dabei sehr gern vom Barkeeper beraten.

Die Gründe für diese weiblichen Vorstellungen vom Besuch in der Hotel-Bar liegen auf der Hand:

- Frauen erachten eine helle und freundliche Atmosphäre für angenehmer und sympathischer als düstere Intransparenz.
- Auch in der Bar mögen sie aus verantwortungsvoller Geschäftigkeit oder aus Langeweile arbeiten oder sich gegebenenfalls durch Arbeit und der damit verbundene Utensilien gegenüber anderen Gästen abgrenzen.
- Live-Musik stört, da sie entweder die Situation, als Frau alleine in der Bar zu sitzen, etwas melancholisch stimmen könnte oder die Konzentration beim Arbeiten, Lesen oder auch Träumen ruiniert.
- Weibliche Gäste schätzen in der Bar die Beratung, wenn diese nicht oberlehrerhaft daherkommt. Sie sind nämlich neugierig, trinken nicht sehr häufig Bier, sondern Wein, aber auch mal einen Cocktail; Getränke-Beratung nehmen sie gern an – auch als eine elegante Möglichkeit für Konversation, um ihr Alleinsein an der Bar gelegentlich ein wenig aufzulösen;
- Bar-Tender werden deshalb von ihnen als Fachleute für die Getränke und für Small Talk verstanden, keinesfalls aber zum Flirten.

Laut Aussagen von Barkeepern bleiben Frauen – ganz im Gegensatz zu Männern – auch dann freundlich und leise, wenn sie ein wenig zu viel getrunken haben.

Lösungs-Vorschläge:

Kluges Interior- und intelligentes Service-Design sowie eine gewiefte Kraft hinter dem Tresen vermögen die Hotel-Bar auch zu einem attraktiven Ort für die weiblichen Hotel-Gäste zu gestalten:

- Achten Sie auf ein vernünftiges und die Wünsche der Gäste wirklich bedenkendes Licht-Design.
- Verwenden Sie attraktive Möbel, die der Bar sowohl den Flair des Besonderen geben als auch den Eindruck bewusster und avancierter Gestaltung vermitteln, ohne aufdringlich zu wirken.
- Verteilen Sie die Sitzelemente so im Raum, dass sie modular aufgebaut und entsprechend beweglich sind und die auch Gästen, die alleine sitzen wollen, einen angenehmen Aufenthalt für sich selber ermöglichen.
- Das Design eines Bar-Tresens, sollte die Möglichkeit bieten, die Anordnung des Sitzens zu verändern und immer, wenn gewünscht, Abgrenzung ermöglicht.
- Licht, Mobiliar und dessen Anordnung müssen immer die Gelegenheit bieten, zumindest innerhalb des Arrangements einen Platz zu finden, an dem die weibliche Bar-Besucherin arbeiten kann.
- Barhocker sollten keine sportliche Fertigkeiten einfordern –schon gar nicht von Frauen in Röcken.

- Bieten Sie beruhigende oder entspannende und nicht nervös laute Musik an.
- Selbstverständlich sollten Sie einen wahrhaftig professionellen Bar-Tender haben, der traditionelle Cocktails korrekt mixen und zudem neue anbieten kann.
- Ihr Bar-Tender – und dies gehört ja zum Wesen eines guten Bar-Tenders – sollte auch noch Fachmann für die gepflegte Konversation mit weiblichen Gästen sein. Dazu gehört zweifellos zusätzlich dessen Fähigkeit zur dezenten Empathie.

16 Check-out

Gewiss gilt nicht allein jener Satz, man habe keine zweite Chance für den ersten Eindruck: Ebenso ist richtig, dass der letzte Eindruck sehr nachhaltig ist. Will man den weiblichen Gast in diesem Hotel wieder sehen, dann sollte man seitens des Hotels tunlichst auch beim Abschied einige von den weiblichen Gästen geforderte Regeln beachten:

- Den unpersönlichen Check-out per Computer oder digitalem Telefon, so die Aussagen vieler Frauen, mögen sie nicht – sie suchen auch beim Abschied den persönlichen Kontakt.
- Das bedeutet für das Personal an der Rezeption dann aber auch, dies einzulösen, beispielsweise ernsthaft – und eben nicht quasi automatisch – nachzufragen, ob der Aufenthalt zugesagt hat und ob es Probleme gab.
- Dies sollte noch ergänzt werden durch die Nachfrage, ob noch etwas getan werden könne, den weiteren Reiseweg angenehmer gestalten.
- Das deutlich und ernsthaft erklärte Interesse des Hotels, gerade dieser weibliche Gast möge das Hotel erneut mit ihrer Anwesenheit beglücken, könnte sogar mit einem kleinen Geschenk untermauert werden.

Hotels müssen Frauen in ihren Wünschen und Ansprüchen an eine weibliche Hotelkultur endlich wirklich ganzheitlich ernst nehmen!

Schnell-Überblick: Verhalten Business-Frauen

Schutz, Intimität, Service
– Das Hotel ist für Frauen eine Art Burg, ein Schutzraum, der an zu Hause erinnert und ungestörten Rückzug vor neugierigen Blicken garantiert. Gerade wenn es schöne Hotels sind, ist der Aufenthaltsfaktor für Frauen viel größer als für Männer. Vielen Frauen ist das Hotel Refugium. Manche wünschen sich auch bestimmte Räume als „ Woman only". Je intimer es wird – oder anders gesagt: je mehr Körper –, desto eher wollen die Frauen unter sich bleiben, zum Beispiel in der Sauna.
– Und dann das „Bar-Problem". Viele Frauen haben Angst, sich dort niederzulassen, weil Männer meinen könnten, sie wären auf etwas aus; oder aber: weil Frauen meinen, dass Männer meinen, sie suchten Anschluss. Deshalb tendieren Frauen in ihren Wünschen nach den semi-öffentlichen Aufenthaltsorten im Hotel dann eher zu Bereichen die atmosphärisch einer Bibliothek ähneln.
– Über das Raumgefühl hinaus ist für Frauen der persönliche Service im Hotel sehr entscheidend: Die meisten wollen einen sehr guten, menschlichen und einfühlsamen Service, stundenlanges Warten.
– In unseren Fragen sind wir sogar einen Schritt weiter gegangen: Hätten Sie Lust auf einen (männlichen oder weiblichen) Butler? Die erste Reaktion war meist ziemlich verhalten und überrascht, denn diese Frage haben sich wohl nahezu alle noch nie gestellt; die zweite Reaktion jedoch: das wäre gar nicht so schlecht – dann aber bitte eine Frau. Ein weiblicher Butler, die gegebenenfalls auch intime Dinge besorgen kann, die man vielleicht vergessen hat. Ganz deutlich aber ist: Frauen wollen auf gar keinen Fall ein Bügelbrett auf dem Zimmer, sondern den Service, dass jemand für sie bügelt. Insofern sind einige Hotels falsch eingestellt, wenn die Manager uns stolz erzählten, sie hätten schon etwas für Frauen getan: Jedes Zimmer sei mit einem Bügelbrett und Bügeleisen ausgestattet.

Bedürfnisse nach Alter
Bei den von uns befragten Frauen handelt es sich um Managerinnen, darunter Architektinnen, Designerinnen, Wissenschaftlerinnen – Frauen in Positionen des gehobenen Mittel- bis Top-Management und in einem Altersspektrum zwischen 25 und 65 Jahren.

- Die Gruppe der 25–29 Jährigen und die der 50–65 Jährigen sind am wenigsten anspruchsvoll, sind sich darin also sehr ähnlich. Allerdings sind die Gründe unterschiedlich: Die Jungen (bis 29 Jahre), so unsere Analyse, haben noch geringe Erfahrungen mit Hotels ab mindestens 3 Sternen und finden einige Services eher „albern" oder sind dadurch verunsichert. Denn bis vor nicht allzu langer Zeit sind sie noch in Backpacker Hotels und in Hostels abgestiegen. Und die ältere Generation (über 50, besonders aber ab 60) mindert den Anspruch aus Erinnerung an schlechte Zeiten. In dieser Altersklasse spielt eher die Gesundheit eine Rolle: zum Beispiel das richtige Kopfkissen.
- Es steht fest: Frauen im Alter zwischen 30 und 49 Jahren sind die deutlich anspruchsvollsten – sie wollen alles, vom Kleine bis zum Großen, von handfesten Produkten bis zu Atmosphäre und bis zu gutem, persönlichem Service.

Kulturelle Unterschiede
- Interessanterweise sind gerade Amerikanerinnen, die das Reisen doch sehr gewöhnt sind, eher unsicher. Sie möchten abends lieber im Hotel bleiben, fürchten sich vor langen Fluren und wollen nicht in dunkle Tiefgaragen, sondern wünschen sich einen Valet Parking-Service, wenn sie vorfahren.
- Für Asiatinnen war – nur auf den ersten Blich erstaunlicherweise – das Thema Service gar kein Problem. Oft wussten sie gar nicht, was sie auf diese Service-Fragen antworten sollten. Der Grund: In Asien gibt es mehr und häufig besseren Service als in westlichen Ländern. Das heißt: Diese Frauen haben schon längst guten Service, wenn auch nicht unbedingt in dem Bewusstsein des Frauenspezifischen.
- Orientalische, asiatische und amerikanische Frauen stehen dem Angebot von Women only-Hotelfluren überwiegend positiv gegenüber. Sie finden solch einen Service keinesfalls übertrieben. Und US-Amerikanerinnen haben zum Teil noch nicht einmal etwas gegen Hotels nur für Frauen.
- Das ist bei europäischen Frauen vollkommen anders: Ihnen kommt das überängstlich vor, so, als müssten sie als eine Spezies besonders beschützt werden. Und das lehnen sie generell ab. Im Gegensatz zu den nicht-europäischen Frauen stellte sich bei ihnen sogar manchmal die negativ besetzte Assoziation „Feminismus" ein.
- Für alle Beteiligten gab es die ebenso charmante wie heikle Frage: ob sie sich einen männlichen Begleitservice, etwa zum Essen-Gehen, vorstellen könnten. Die Asiatinnen waren entsetzt: ein „No!" stand dort oft als Antwort, mit drei Ausrufezeichen. Die Europäerinnen reagierten da offener: wenn es ein toller Mann wäre, hätten sie noch nicht einmal etwas gegen einen kleinen harmlosen Flirt beim gemeinsamen Essen.

Schnell-Überblick: Service-Einschätzungen Business-Frauen

Ein spezieller, auf weibliche Bedürfnisse personalisierter Service wird nicht von allen alleinreisenden Geschäftsfrauen gerne angenommen:
- Jüngeren Frauen ist er eher peinlich. - Frauen mittleren Alters schätzen ihn sehr – aber bitte weiblich. - Ältere Frauen verunsichert solch ein Service.
Die Vorstellung eines weiblichen oder männlichen Butlers
- lehnen jüngere Frauen ab, - befürworten die Geschäftsfrauen mittleren Alters, - stört ältere Frauen sehr.
Einen Begleitservice für gemeinsame Stadterkundungen sehen Frauen
- jüngeren Alters skeptisch, - mittleren Alters gern – wenn Kommunikation und soziales Networking im Vordergrund stehen, - ältere Frauen negativ.
Je freizügiger der Pool- und Spa-Bereich, desto getrennter die Geschlechter:
- Jüngeren Frauen ist die Geschlechtertrennung egal. - Frauen mittleren Alters begrüßen sie. - Ältere Frauen halten sie für notwendig.
Ein Online-Forum für Business-Frauen
- bejahen jüngere Frauen vehement, - würde die Mehrheit der Frauen mittleren Alters nutzen, - ist bei ältere Frauen zwiespältig: ein etwas kleinerer Teil stimmt zu, ein etwas größerer Teil lehnt ab.
Zusammengefasst:
- sind junge Geschäftsfrauen durch Service verunsichert, - genießen Geschäftsfrauen mittleren Alters jeden guten Service und gerne mal Luxus, - denken ältere Geschäftsfrauen bei Service-Angeboten vor allem an ihre Gesundheit.

Schnell-Überblick: Ansprüche Business-Frauen*

Wünsche und Einschätzungen
Zimmerausstattung:
– 25+: In dieser Altersgruppe spielt ist der Großteil der Frauen noch in eher studentisch geprägten Lebenszusammenhängen gefangen, denen sie erst vor kurzem „entwachsen“ sind; d. h.: wenig Business-Hotelerfahrungen; die Erinnerung an Youth Hostels und Backpacker Hotels ist noch sehr nahe. Deshalb: relativ wenig Ansprüche oder welche, die für Profireisende selbstverständlich sind: genügend und saubere Handtücher, Duschhaube, Shampoo, Seife etc. – 30+/40+: Interessanterweise ähneln sich die Wünsche und Ansprüche der Frauen zwischen 30 und 40 Jahren stark: Die Qualität der Produkte ist relevant (hochwertige Brands), es werden sehr viele Dinge erwünscht, die Frauen sind äußerst anspruchsvoll. Das reicht von Produkten aller Art bis zu Dienstleistungen. – 40+: Einziger Unterschied zu den 30–39 Jährigen: Sie geben quantitativ weniger Probleme oder Bereiche an. Begründung: Sie setzen, aufgrund ihrer Routine und Erfahrung mit Business-Reisen, bestimmte Standards dessen, was vorhanden ist oder sein sollte, als selbstverständlich voraus. – 50-65: Diese Gruppe hat deutlich weniger Ansprüche als die Frauen zwischen 30 und 49 Jahren. Sie interessieren sich nicht für „Firlefanz“, wollen ordentliche Basisprodukte und haben keine besonderen Ansprüche an den Service. Bei ihnen geht es um speziellere Dinge: Gesundheit wird groß geschrieben; doch geht es hier nicht so sehr um Wellness oder gesundes Essen oder Getränke, sondern um gesundheitliche Aspekte im engeren Sinne, die sich eher auf ihr höheres Alter oder auf Beschwerden beziehen: Häufig werden ein gutes Kissen oder eine gute Matratze benannt.

* Altersgruppen: 25+ = 25-29 Jahre; 30+ = 30-39 Jahre; 40+ = 40-49 Jahre; 50+ = 50-65 Jahre

Atmosphäre:

- 25+:
  Es werden so gut wie keine Ansprüche überhaupt benannt.
- 30+/40+:
  Auch hier verhalten sich diese beiden Altersgruppen identisch: Gewünscht wird eine umfassende, generelle Wohlfühlatmosphäre, die sich insbesondere bezieht auf: gutes Licht und unterschiedliche Lichteinstellungen, Ruhe, guter Geruch, frische Luft (zu öffnende Fenster), Wärme, Sauberkeit.
- 50-65:
  Diese Frauen sind eher pragmatisch: hell, gutes Licht zum Lesen (zentral bedienbar), angenehmer Geruch.

Geschlechterproblematik

TV:

- 20+/50+:
  beide Altersgruppen äußern sich nicht über das Fernsehen.
- 30+:
  Ausdrücklich wird ein spannendes Free TV gefordert (viele Kanäle. kostenlos).
- 40+:
  Die mittleren Jahrgänge sind eher an seriösen News und Informationen interessiert.
- Fast alle:
  Ausdrückliche Kritik an Pornokanälen und entsprechende Aufstellern im Hotelzimmer. Am heftigsten kritisieren das die 30-40 Jährigen.

Wellness/Spa:

- 25+:
  Der überwiegenden Zahl ist egal, ob dieser Bereich oder darin spezielle, wie etwa die Sauna, geschlechtergetrennt ist oder nicht.
- 30+:
  Überwiegendes Plädoyer für Geschlechtertrennung; insbesondere bei Sauna.
- 40+:
  Alle wollen Geschlechtertrennung.
- 50-65:
  Dies Gruppe hat insgesamt wenig Erfahrungen mit Hotelsauna; wenn, dann wird Geschlechtertrennung eindeutig befürwortet.

Frauen-Salon/-Bar/-Raum:
- 25+: sehr wenig Interesse. - 30+: Hier plädieren mehrere Frauen für einen Frauen-Leseraum; die Bar wünschen sich Viele lieber gemischt. - 40+: Hier besteht durchaus Interesse an eigener Frauen-Bar, wenn auch nicht bei der Mehrheit. - 50-65: Die älteren Frauen äußern deutlich Interesse an einem Damensalon.
Service:
- 25+: Service wird nahezu ausschließlich als unangenehm und peinlich empfunden und dementsprechend bewertet. - 30+/40: Diese beiden Altersgruppen haben auch hier wieder die größten Ansprüche. Neben vielem anderem ist ausdrücklich ist Valet Parking/Parkservice erwünscht. - 50-65: Service wird nicht sehr groß geschrieben. Wir vermuten: Diese Generation (Nachkriegsgeneration) ist weniger erfahren mit gutem, umfassendem Service – und der verunsichert. Allerdings wird hier unbedingt ein Kofferträger-Service erwünscht, die gesundheitlichen Aspekte rücken in den Vordergrund.
Unsicherheiten/Ängste:
- Alle: „endlos lange" Hotelflure, Tiefgarage („wo ich mich nicht auskenne"); Gründe: Ängste (ungeschützt zu sein), unsicher, sich als Frau zu verhalten, Orientierungsprobleme. - 25+: abgesehen von den unter „Alle" genannten Unsicherheiten: keine. - 30+/40+: Mobilität: Bei Dunkelheit wird Taxi auch von all jenen bevorzugt, die tagsüber sehr wohl den ÖPNV nutzen. - 50–65: Es fühlen sich ausnahmslos alle Befragten sowohl hinsichtlich ihrer Mobilität außerhalb des Hotels als auch in langen oder schlecht beleuchteten Hotelfluren, in der Tiefgarage etc, unsicher. Sie bemängeln häufig auch unübersichtliche Orientierung im Hotel.

Kommunikation
Abendessen:
- Alle: Hier braucht es keine Differenzierung nach Alter: Alle alleinreisenden Frauen fühlen sich nicht besonders wohl, das Abendessen öffentlich einzunehmen, sei es im Hotelrestaurant oder in einem Restaurant außerhalb des Hotels. Die überwiegende Zahl in allen Altersgruppen isst im Hotel oder in direkter Hotelnähe. Falls außerhalb des Hotels, dann (nur) auf Empfehlung (Freunde/Freundinnen, Rezeption...). Wenn außerhalb: Sushi- oder Tapas-Bar, großes „anonymes" Restaurant (da fällt frau nicht so auf); oder kneipenähnliche lange Tische: Vermeidung des Sich-allein Fühlens (für sich selbst) und in der Wahrnehmung durch Andere (extern). Wenn allein am Tisch: Abschirmung/Rückzug (Buch oder Zeitung lesen) Room Service wird häufiger von Frauen als von Männern in Anspruch genommen. Falls im Zimmer gegessen wird, dann öfter selbst Gekauftes/Mitgebrachtes. Das heißt: Frauen haben den öffentlichen Raum, der ihnen über viele Jahrhunderte verwehrt geblieben ist, immer noch nicht selbstbewusst erobern können. Selbst wenn sie inzwischen in guten beruflichen Positionen arbeiten, ist das „öffentliche Alleinessen und -sitzen" auf Geschäftsreise immer noch unbehaglich.
Online Forum (zur Verabredung in den bereisten Städten):
- 25+: grundsätzliche Befürwortung ohne Einschränkung („praktisch";" egal, ob Mann oder Frau"). - 30+: mehrheitlich positiv, aber eher strategisch-pragmatisch (Networking im Business). Ausdrücklich wird darauf verwiesen, dass es nicht darum gehe, potentielle Freundinnen oder Freunde zu finden. Gründe bei den Gegnerinnen: keine Zeit, „ich bin gern manchmal allein", „ich kenne sowieso Leute". - 40+: Eine knappe Mehrheit ist dafür. Einige kennen solche Foren bereits. Einige der positiv eingestellten Frauen wenden sich aber gegen ein reines Frauen-Forum. Wieder andere interessieren sich nicht dafür: „Ich bin schon gut vernetzt". - 50–65: Hier ist genau eine Hälfte der Geschäftsfrauen dafür, die andere Hälfte dagegen.

– Die Befürworterinnen sprechen sich eindeutig für ein Women only-Forum aus, „und seriös muss es sein!“. Die Gegnerinnen drücken sich etwas vage aus: das reicht von „ich bin gern mal allein“ über „ich möchte mich nicht so festlegen“ bis zu „das brauche ich nicht“. – Wir vermuten hier eine gewisse Unsicherheit gegenüber dem Medien (Online Forum), das ihnen sicher unvertrauter ist als jüngeren Frauen.
Begleit-Service (nicht erotisch):
– 25+: In der Mehrheit eher skeptisch; falls ja, dann für ganz spezifische Aktivitäten und nur mit Frauen (z. B. für Stadtführung, Shopping, Sport). Die Gegnerinnen meinen, das sei „wie Freunde kaufen“. – 30+/40+: Eine deutliche Mehrheit in beiden Altersgruppen findet das Angebot interessant und spannend. Aber die Motive unterscheiden sich: – 30+: Diese Frauen argumentieren ziel- und zweckorientiert, deshalb werden auch immer gleich die jeweiligen Bereiche spezialisiert benannt. Sie sind gleichgültig gegenüber einer möglichen erotischen Assoziation. – 40+: Hier sind soziale und kommunikative Faktoren ausschlaggebend; erotische Assoziationen spielen nur eine geringe Rolle. Die Gegnerinnen wollen „nicht dafür bezahlen“ (Demütigungsgefühl), sind „gern mal allein“ oder haben „das nicht nötig.“ – 50–65: Fast alle Business-Ladies mögen diesen Service nicht. Sie wollen „nicht für Kommunikation bezahlen“, „unabhängig sein“, würden sich „unsicher“ oder „peinlich berührt“ fühlen. Bei den wenigen Zustimmungen würden sich dies Frauen (erstaunlicherweise?) „dann lieber einen Mann“ als Begleitung wünschen.
Flirt (keine Sexualität):
– Alle: Überraschend sind die Frauen mehrheitlich interessiert. Allerdings mögen die Meisten keine vororganisierte Form, was den Zuspruch hinterrücks wieder einschränkt: „nicht als Leasing“, „sollte sich spontan ergeben“.

Business-Notwendigkeiten
Butler, männlich/weiblich
– 25+: fast alle lehnen das ab (zu persönlich, unangenehm, verunsichernd, Personal wird zum „Diener“ degradiert).
– 30+: Die Hälfte ist interessiert. Bei Befürwortung: deutlich lieber einen weiblichen Butler (wegen Intimsphäre). – 40+: Mehrheitliche Befürwortung; lieber eine Frau (wegen Intimsphäre). Die Gegnerinnen finden solch einen Service „antiquiert“. – 50+: Mehrheitliche Ablehnung (sich gestört fühlen, zu privat, zu intim). Bei Zustimmung: unbedingt weiblich.
Differenz Geschäfts-/Privatreise:
– Alle: sind bei einer Privatreise geduldiger und nachsichtiger, wenn nicht alles perfekt ist. Bei einer Geschäftsreise muss möglichst alles perfekt sein, da die Business-Frauen ohnehin unter Stress und Zeitdruck stehen. Auf Zuverlässigkeit im Service wird großer Wert gelegt – das vermittelt Sicherheit. – 25+/30+/40+: Business: vor allem werden eine gute Verkehrslage des Hotels und professionelles technisches Equipment sowie Zuverlässigkeit gewünscht. Hier sind die Ansprüche pragmatisch, auf Funktionalität bedach: guter Standard ist ausreichend. Privatreise: Der Wohlfühlfaktor ist wichtiger als bei einer Business-Reise; er bezieht sich aber auf andere Dinge als bei der Geschäftsreise: mehr Genuss, mehr Luxus, mehr Stil … – 25+: Business: muss besser sein als zu Hause (sich mal ein wenig Luxus leisten). Hinsichtlich der Anzahl der Kleidungsstücke machen die Jungen tendenziell keinen Unterschied zwischen Business- und Privatreise. Das liegt sicher – wie in anderen Bereichen auch – daran, dass sie noch nicht sehr viele Erfahrungen mit Geschäftsreisen gemacht haben. – 30+/40+: Business: mindestens so gut (perfekt) wie zu Hause. Diese Altersgruppe nimmt deutlich mehr Kleidungsstücke für eine Privat- als für eine Business-Reise mit.

Bei einer Geschäftsreise mit einer Übernachtung werden durchschnittlich mitgenommen: Ein Outfit für den Tag, ein Outfit für den Abend und etwas zum Kombinieren. – Hier herrscht pragmatisch-strategische Antizipation: für alle Fälle mehr als nötig dabei zu haben („... und etwas zum Kombinieren").
Bei einer Privatreise nehmen diese Frauen deutlich mehr Kleidung mit, da sie weniger strategisch überlegen, „mehr nach Lust und Laune".

- 50-65:
  Die befragten Frauen machen in ihren Ansprüchen keinen Unterschied zwischen einer Reise aus Geschäfts- oder Urlaubsgründen.

Zusammenfassende Tendenzen

Ansprüche generell:

- 30+/40+:
  Die beiden mittleren Altersgruppen sind sich sehr ähnlich, sie sind sehr anspruchsvoll, mögen potentiell am deutlichsten und häufigsten Luxus, und ihre Wünsche beziehen sich auf alle Bereiche und Formen: Ausstattung, Service, persönliche Ansprache, Atmosphäre.
  Sie sind auch diejenigen, die am unbekümmertsten und neugierigsten auf Angebote reagieren, die sie selber noch nicht ausprobiert haben (Butler).
  Sie sind die anspruchsvollste und selbstbewussteste Zielgruppe unter den weiblichen Business-Ladies.
- 25+/50-65:
  Auf den ersten Blick erstaunlich, sind sich die jüngsten und die ältesten der befragten Frauen in ihren Erwartungen am ähnlichsten. Sie sind relativ genügsam und pragmatisch. Viele
  Dienstleistungen, die die mittleren Altersgruppen spannend oder sogar notwendig finden, lehnen sie aus Verunsicherung ab: Die einen (25+), weil sie noch nicht sehr viel Erfahrungen mit „richtigen" Hotels in ihrem Leben gemacht haben und ihre Jugenderinnerungen an andere Herbergen noch sehr präsent sind; die anderen (50–65), weil sie aus einer Generation stammen, die nicht sehr anspruchsvoll erzogen wurde und die sich deshalb immer noch nicht so recht daran gewöhnen können, selbstbewusst etwas einzufordern, was sie unter „Luxus" einordnen würden.
- 50-65:
  Die älteste Zielgruppe denkt außerdem eher an ihre Gesundheit. Wenn Service gewünscht wird, dann aus gesundheitlichen Gründen: Kofferträger, spezielles Kissen usw.

Öffentlichkeit/Privatheit/Schutz:
- Alle: Unsicherheit und Ängste sind vorhanden. Sie resultieren aus dem Faktum wie aus dem Gefühl, dass es immer noch nicht vollkommen „normal“ ist, sich als Frau in der Öffentlichkeit zu bewegen. Dies bezeugt die „freiwillig“ eingeschränkte Mobilität: Die Frauen halten sich lieber – aber sozusagen erzwungenermaßen – in vertrauten, geschützten Räumen auf. Sie wahren Intimität in- und außerhalb des Hotels. Immer dann, wenn es explizit öffentlich wird, bewegen sich Frauen nicht gern allein, bevorzugen den Rückzug in geschützte, private (eigenes Hotelzimmer) Räume – in diesem Fall: ihr Hotelzimmer, das zu einer Art Burg wird. Und in der Öffentlichkeit wird Anonymität bevorzugt: nur nicht auffallen.
Ausstattung des Hotelzimmers:
- Alle: Objekte: Fön, Kosmetikspiegel, Ganzkörperspiegel und gegenüberliegender „Rückspiegel“, spezielle Rockbügel, Raum: großzügiger Stauraum, genügend Schränke und Ablagen, Lebensmittel: Obst, kostenloses Mineralwasser, TV: keine Pornokanäle, Wohlfühlatmosphäre: Blumen, guter Geruch, subtile Farben, differenziertes Licht aber auch Technik: gutes Equipment wie funktionales Arbeitslicht, Internet-Anschluss/ WLAN, Badezimmer: genügend und spritzfreie Ablageflächen, gute Hygiene- und Beauty-Produkte, weibliches „Emergency Kit“.
Service:
- Alle: generelle Freundlichkeit, persönliche Ansprache (vermittelt Sicherheit), Vertrauen erweckendes Personal (Zuverlässigkeit, seriöse und professionelle Beratung).

Schnell-Überblick: Ansprüche Business-Männer

Analysieren wir anhand der für die Frauenwünsche so wichtigen Oberkategorien „Sinnlichkeit", „Sicherheit" und „Sozialität" die Antworten der männlichen Geschäftsreisenden, erhalten wir ein Bild, das sich substanziell von dem der Business-Ladies unterscheidet.

Kritik hält sich generell in engen Grenzen. Wenn überhaupt, machen wir die Gruppe der 40-49 Jährigen als die kritischste aus; diejenigen zwischen 30 und 39 Jahren erwähnen hin und wieder (aber immer noch selten im Vergleich mit den Frauen) den Wunsch nach Mineralwasser, (Arbeits-)Licht oder einer geschmackvollen Einrichtung.

Interessant ist der durchgängig ziemlich lakonische, lässige oder ironische Ton, den die Männer anschlagen. Er klingt fast gewollt cool, so, als ob die Fragen eigentlich nicht besonders relevant seien, man sie deshalb mit souveräner Lässigkeit beantworte.

So viel vorweg: Die weitaus überwiegende Zahl der männlichen Alleinreisenden trifft sich übereinstimmend in drei Wünschen: (kostenloser) Internetzugang/ WLAN, ein gutes Bett und eine gute Dusche! (Zur Erinnerung: Bei Frauen summieren sich die Ansprüche auf 20-25 Dinge!).

Selbstverständlich gibt es hier und da weitere Ansprüche, aber in der Gesamtheit fallen sie tatsächlich als vereinzelte nicht sehr ins Gewicht.

Obwohl in den Ansprüchen an das Hotelzimmer die Geschlechterunterschiede bereits sehr deutlich werden, besteht die größte und sofort ins Auge springende Differenz in der Wahrnehmung und Nutzung der Öffentlichkeit und des städtischen Raumes. Alleinreisende Männer erleben die semiöffentlichen Räume des Hotels, noch stärker aber die Stadt als spannende Abenteuer, dem sie sich ebenso bewusst wie gern aussetzen. Und die Betonung liegt auf „allein".

Hier also finden wir definitiv bestätigt, was andersherum sich bei den Geschäftsfrauen herauskristallisierte: Frauen, und insbesondere, wenn sie allein sind, haben den öffentlichen Raum noch längst nicht erobert. Und entsprechend negativ sind ihre Gefühle diesen noch immer nicht angeeigneten Feldern gegenüber.

Aber zurück zu den männlichen Geschäftsreisenden: Die Aussagen sprechen so sehr für sich, dass wir uns darauf beschränken, die wichtigsten exemplarischen Zitate mit Kurzkommentaren zu präsentieren.

Übrigens: Männer sind nicht weniger kritisch in Bezug auf den Hotelaufenthalt, sondern nur wesentlicher wortkarger)

Check-in:

„Einchecken: beliebig, aber zumindest Koffer deponieren, nach Auschecken weiterhin Kofferservice …“

So kurz und knapp wird, wenn überhaupt, der Check-in erwähnt; bei den meisten Männern findet er ohnehin keine Erwähnung.

Zimmer:

Internet

„Ein Internetzugang mit ausreichender Geschwindigkeit (am liebsten drahtlos) und einfachem Zugangsverfahren; er sollte außerdem nicht zu halsabschneiderischen Konditionen angeboten werden …“

„Wifi ist heutzutage wichtiger als Fernsehen, und ich will weder Kaution für Kabel zahlen noch Extra-Formulare ausfüllen noch lachhaft hohe Gebühren für eine Stunde Surfen zahlen!“

Der Nummer 1-Wunsch bei den Männern, der alles andere toppt. Wichtig: möglichst kostenlos soll der Internetzugang angeboten werden.

Bett

„Ein vernünftiges Kopfkissen, das nur für diesen Zweck geeignet ist und keine Zweitverwendung als Sofakissen für Übergewichtige ermöglichen muss.“

„Gute Qualität der Matratze (manchmal habe ich schon ausgehängte Schranktüren unter die Matratze geschoben).“

An zweiter Stelle finden sich Wünsche rund ums Bett, vor allen Dingen die Matratze muss stimmen. Aber auch hier: gerade heraus, kein emotional besetztes Wünschen – man will eben gut. Dafür allerdings nehmen bestimmte Business-Gentlemen einiges in Kauf und legen tatkräftig selbst Hand an, um die Härte des Schlafplatzes zu garantieren.

Atmosphäre:

„Mein persönlicher Horror sind Duft-Umgebungen bzw. -stimmungen …“

„Ach, und: wenn man denn nun schon mal ordentlich einen drauf machen will, wäre es schön, wenn man sich die ganzen Cocktail-Bar-, Nachtclub- und Puffadressen nicht immer erst mühsam aus den Flyern, Zeitungen und Taxifahrern destillieren müsste.“

Hier finden sich beispielhaft zwei Aussagen, die das genaue Gegenteil dessen benennen, was Frauen so wichtig ist, um sich wohlzufühlen: Frauen mögen gut duftende Zimmer, und sie ärgern sich alle über die aufdringlich sichtbaren Porno-Hinweise.

Badezimmer:

„Kann den Hotel-Betreibern mal bitte jemand sagen, dass man sich in diesen 80er Jahre- Polysterol-Containern (Dusche) fühlt wie ein BigMac!"

„Eine ausreichend große Dusche, also mindestens so groß, dass man sich nicht durch die Armaturen bedroht fühlt."

„Armaturen, die so einfach und verlässlich funktionieren, dass man sich nicht aus Versehen selbst blanchiert."

Den dritten Platz der männlichen Wünsche belegt das Badezimmer, namentlich die Dusche wird erwähnt. Auch hier geht es eher um pragmatische Forderungen: ausreichende Größe nicht wegen des Wellness-Gefühls, sondern damit man sich keine blauen Flecken holt.

Von den im Verhältnis zu Frauen ohnehin weitaus weniger erwünschten Objekten im Hotelzimmer benennen Männer mit großem Abstand Produkte, die sich auf eine gute technische und multimediale Ausstattung des Zimmers beziehen, nämlich 20; darunter – neben den bereits erwähnten – Fernseher, Radio, Steckdosen, Adapter, Musikplayer.

Übrigens: Die meisten der von Geschäftsmännern benannten Wünsche sind technische und multimediale Produkte.

Butler:

„Lieber einen Roboter."

Männer wollen auf keinen Fall einen zusätzlichen persönlichen Service. Offenbar ist der ihnen peinlich, finden sie ihn albern. Deshalb ist auch die Erwähnung des Roboters ironisch zu verstehen.

Abendessen:

„… der Nase nach."

„Lasse mich vom Zufall leiten."

„Wenn möglich, eine kleinere, persönliche Lokalität."

„Niemals im Hotel, immer auf der Suche nach lokaler Küche und einheimischem Publikum."

„Vorzugsweise dort, wo man auf Menschen trifft."

„Ein möglichst fremd aussehendes und fremd klingendes Lokal …"

„Begebe mich gern auf kulinarische Entdeckungsreise."

„Ich wähle per Internet einen aufregenden Ort mit unbekanntem Ausgang …"

Die Mehrheit der männlichen Geschäftsreisenden geht außerhalb des Hotels essen. Sie schein überhaupt kein Problem damit zu haben, allein durch eine fremde Stadt auf der Suche nach einem originellen Lokal zu laufen. Erstaunlich viele geben an, sich vom Zufall leiten zu lassen, andere suchen gezielt nach einem „authentischen" Restaurant, in der Hoffnung, auf Einheimische zu treffen. Auch die Kneipe, in der gerade ein Fußballspiel im Fernsehen übertragen wird, ist ein Ort, an dem Männer sich wohlfühlen.

Stadterkundung:

„Je nach Zeit und Preis gehe ich gern in eine lebendige Kneipe mit Leuten, die mir etwas über den Ort erzählen (mit oder ohne Worte)."

„Normaleweise gehe ich lieber ziellos in einer fremde Stadt herum. Falls ich mehr Information brauche, kann ich die immer im Info-Centrum oder in der Bars finden."

„Eine Stadt entdecken kann ich nur allein, da ich mich treiben lassen möchte."

„Ich bin sozial oft eingespannt und genieße nichts so sehr als für ein paar Tage mausebeinallein in einer Stadt zu sein, ohne ein Wort reden zu müssen."

„Ich nehme gern selbst Witterung auf."

„Ich liebe die letzten Reste von Abenteuer: Ich bin allein, ich weiß nicht genau, wohin, und was nun geschehen soll, und wo es überhaupt noch ein Bier gibt."

Hier setzt sich folgerichtig fort, was sich beim Abendessen außerhalb des Hotels bereits andeutetet: Neugier, die Stadt zu erfahren. Die Männer scheinen umso mehr Spaß an der Erkundung zu haben, je weniger sie die Stadt kennen. Das Unbekannte – und damit potentiell Unwägbare – reizt. Auffällig häufig, wird bewusst das Wort „alleine" benutzt, und zwar in positiver Hinsicht. Man fühlt sich stark und will alles allein herausfinden. Und manche Aussagen klingen so, als ob der Business-Man geradewegs ins Outback oder in den Dschungel aufbrechen würde (die letzten Reste von Abenteuer, Witterung aufnehmen ...). Sehnsucht ist da herauszuhören, auf etwas Spannendes zu treffen, das die gewohnte, wenn auch stressreiche Routine des Geschäftsalltags durchbrechen möge.

Übrigens: Männer lieben das „Allein-Umherstreifen" in der abendlichen Stadt.

Unsicherheiten/Ängste:

„Nie, ich liebe das Alleinreisen und meine Rolle als Beobachter."

„Ja, wenn es gefährlich wird."

„Bislang nur einmal nach dem Bombenanschlägen in Istanbul."

„Ja, ich hab mich schon mal unsicher gefühlt: In gefährlichen Situationen z. B. nachts um zwölf bei einer Reifenpanne in der Bronx ..."

„Einmal nachts alleine im Taxi, und in einem bestimmten Stadtteil von Abidjan (Elfenbeinküste) macht der Taxifahrer macht die (Schließ)Knöpfe runter. Kilometerweit bin ich der einzige Weiße: ‚like a motherless child'."

„Ja, wenn ich weder mit Englisch, Französisch, Deutsch etc. weiterkomme; und dann noch in einem Taxi sitze, das, im Widerspruch zu meinem Stadtorientierungssinn, permanent in die falsche Richtung fährt und irgendwelche fremde Personen zusteigen und wieder aussteigen und den Taxifahrer entweder gut kennen oder mit ihm verwandt sind."

Übrigens: Männer haben keine Angst, schon gar nicht im Hotel. Und unsicher fühlen sie sich nur in extrem riskanten Situationen.

Unsicherheit oder gar Angst scheint in einigermaßen normalen Situationen etwas zu sein, das im männlichen Wortschatz nicht vorkommt. Zwar haben wir dafür nur ein Zitat ausgewählt, aber die Negierung jeglicher Unsicherheit findet sich bei einer überwältigenden Mehrheit der befragten Geschäftsmänner - meist nur mit einem knappen „Nein" oder „Nie" benannt, manchmal mit mehr als einem „!" dahinter.

Männer und Angst - eine Kombination, die offensichtlich schlecht zusammenpasst.

Am schlichtesten (wahrscheinlich aber, so steht zu vermuten, ironisch gemeint) bringt es ein Mann auf den Punkt, wenn er tautologisch antwortet, dass er sich bei Gefahr unsicher fühle.

Ansonsten sind Situationen, in denen Männer bereit sind, Unsicherheit zuzugeben, so extrem, dass wir alle nur verständnisvolle Zustimmung signalisieren können. In gewisser Weise übrigens ergänzen die gefährlichen Ereignisse die Sehnsüchte nach Abenteuer in der Stadt, die man auf der Suche nach einem Esslokal durchstreift (vgl. „Stadterkundung"): Denn ist es nicht das, was die Männer eigentlich insgeheim erhofften? Besonders, wenn man das gefährliche Abenteuer ja schließlich doch unbeschadet überstanden hat.

Und noch etwas ist auffällig: Situationen oder Orte innerhalb des Hotels werden überhaupt nicht benannt. Die Business-Männer kommen gar nicht auf die Idee, dass sich die Frage nach Unsicherheitsgefühlen überhaupt auf das Hotel beziehen könne. Auch das stellt sich bei den weiblichen Befragten vollkommen anders dar.

Und schließlich: Männer vermeiden das Wort „Angst". Dort, wo sie schwierige Situationen beschreiben, werden diese mit „Unsicherheit" bezeichnet. Damit niemand auf den Gedanken kommen könnte, sie wären ängstlich gewesen. Männer sind keine Angsthasen!

Schnell-Überblick: Hotelmanagement*

Um zu erfahren, wie ausgeprägt die Einschätzung der Relevanz frauenspezifischer Services bereits ist, schickten wir Fragebögen an das Management (Direktion und Kommunikations-/Public Relations-Department) ausgewählter, exemplarischer 3-, 4- und 5-Sterne Hotelketten in Europa. Mit etwa 50 % Beteiligung nimmt der deutschsprachige Raum eine dominante Stellung ein.

Entgegen unseren optimistischen Erwartungen war der Fragebogen-Rücklauf – selbst nach freundlichen Rückfragen und Bitte um Beantwortung – in diesem Segment der Untersuchung enttäuschend gering: nur 15 % Rücklaufquote. Diese uns zunächst nicht erklärliche Zurückhaltung

Deutlich fällt auf, dass Hotels aktuell besser auf die individuellen Bedürfnisse ihrer internationalen Gäste eingestellt sind als auf frauenspezifische Anforderungen. So gehört es in vielen Hotels zum Standard, separate Speisekarten für Moslems und koscheres Essen anzubieten. Dies erstreckt sich teilweise auch auf die Bestückung der Minibar. Die Verfügbarkeit internationaler Fernsehsender und Tageszeitungen ist mittlerweile derart alltäglich, dass man diese Angebote kaum noch als den speziellen Service wahrnimmt, den sie darstellen. Gleiches lässt sich auch bei der Personalstrategie feststellen – es gehört zum guten Ton, die Gäste möglichst in ihrer Landessprache begrüßen oder sogar – besser noch – betreuen zu können.

Umso erstaunlicher, dass bislang kein vergleichbarer Aufwand für die so rasant wachsende Zielgruppe der alleinreisenden Business-Frauen betrieben wird. Aktuellen Studien zufolge stellen diese einen Gästeanteil von 25 % und mehr – Tendenz steigend. Eigentlich Grund genug, zielgerichtete Services anzubieten. Weshalb dieser wichtigen Zielgruppe bislang noch nicht genügend Beachtung geschenkt wurde, dieses Thema eher zögerlich angegangen wird, sind Fragen, die unterschiedlich und das Thema frauenspezifischer Services nur sehr zögerlich angegangen wird, sind Fragen, auf die es keine exakten Antworten gibt, wir aber sehr wohl berechtigte Vermutungen anstellen können.

Häufig begegnet man dem Argument, „man stelle sich schließlich auf jeden Gast individuell ein und sehe daher keinen Bedarf für auf Business-Frauen ausgerichtete Angebote". Wir nehmen an, dass hier eine Verteidigungshaltung eingenommen wird, um das Faktum der noch nicht ins Bewusstsein gerückten Frauenwünsche nicht zugeben zu müssen. Die meisten Hotels, allen voran die großen Hotelkonzerne, betreiben zwar umfangreiche Datenerhebungen über die individuellen Wünsche, Gewohnheiten und besonderen Bedürfnisse der einzelnen Gäste. Diese im

* Unter Mitarbeit von Colin Joy.

Rahmen des „Customer Relationship Management“ (CRM) erhobenen Daten dienen aber nicht nur dazu, dem einzelnen Gast die Wünsche von den Augen abzulesen. Vielmehr geht es auch darum, Profile für Kundengruppen zu erarbeiten, gute (umsatzstarke) von weniger interessanten (umsatzschwächeren) Kunden zu trennen, um gezielte Maßnahmen im Bereich der Werbung und Kundenbindung durchführen zu können.

Nach genauer Analyse meinen wir den Grund für die relativ geringe Beachtung der weiblichen Wünsche ausgemacht zu haben: Diejenigen, die sich damit noch nicht auseinandergesetzt haben bzw. keine spezifischen Services anbieten, haben verständlicherweise kein großes Interesse daran, in dieser Weise „geoutet“ zu werden: Die Teilnahme an einer Studie, die sich mit Frauen in Hotels beschäftigt, und zu der das Hotelmanagement nichts Produktives beitragen kann, scheint nicht erstrebenswert. Einige Hotelmanager brachten die Problematik in gewisser Weise auf den Punkt, obwohl ihre Begründung für eine Nicht-Teilnahme an der Befragung, so wagen wir zu behaupten, zwar argumentativ geschickt, aber wahrscheinlich nicht ganz der Wahrheit entsprach: Sie hatten dem leeren Fragebogen eine Entschuldigung beigefügt: Sie seien gerade im Umbruch und dabei, ihre Services auf Frauen umzustellen, damit aber noch nicht ganz fertig: „Insofern bitten wir um Verständnis, dass wir zum jetzigen Zeitpunkt Ihren Fragebogen nicht ausfüllen, da dies ein falsches Licht auf unsere Servicequalitäten werfen würde“. Mit anderen Worten: Diese Hotels hatten sich vermutlich bis zu unserer Anfrage noch gar keine Gedanken über spezifischen Wünsche alleinreisender Geschäfts-Frauen gemacht und wollten deshalb nicht antworten, da dies ihrem Image hätte schaden können.

Bei den Hotels, die nach eigenem Bekunden frauenspezifische Services anbieten, kann man beobachten, wie unterschiedlich die Selbsteinschätzung in diesem Bereich ausfällt. In manchen Fällen existiert bereits ein Bewusstsein für viele der in unserer Studie identifizierten Bedürfnisse. Vor allem der erhöhte Anspruch an die Badausstattung, gesundheitsbewusste Ernährung und die Sicherheit/Privatsphäre werden von den Hotels genannt. Teilweise äußert sich dies auch in der Bereitstellung von Frauenparkplätzen, angepasster (Bade-) Zimmerausstattung (u. a. Strümpfe, Kosmetikset) sowie großer Spiegel, heller Beleuchtung und anderen diskreten Annehmlichkeiten. Dem gegenüber steht derzeit allerdings noch eine Mehrzahl an Häusern, in denen allein das Auslegen von Magazinen in den öffentlichen Hotelbereichen schon als „special service“ für die Zielgruppe gewertet wird. In anderen Fällen wird die Existenz unterschiedlicher weiblicher Bedürfnisse im Vergleich zu den männlichen Reisenden überhaupt dementiert oder in Frage gestellt.

Einem standardisierten Zertifikat für Hotels, das Rückschluss auf das Vorhandensein frauenspezifischer Services zuließe, steht ungefähr die Hälfte der befragten Hotels offen gegenüber. Es gibt allerdings auch eine beträchtliche Anzahl von Betrieben, die ein solches Zertifikat eher ablehnen. Darunter fallen erwartungsgemäß vor allem solche Hotels, die sich bislang kaum auf die Zielgruppe weiblicher Business-Reisender eingestellt haben und somit keine Werbewirkung erwarten können.

Die Bedenken gegenüber der Einführung solch eines „Frauenzimmer"- Zertifikats wurzeln jedoch nicht grundsätzlich in einer Ablehnung der Thematik oder Vernachlässigung der Zielgruppe, sondern lassen sich auch damit erklären, dass das Kommunizieren von frauenspezifischen Services einer PR-Gratwanderung gleicht: Existieren Angebote, die dem erhöhten Bedürfnis nach Sicherheit, Wellness und Privatsphäre entsprechen, werden diese von der weiblichen Klientel dankend in Anspruch genommen – als „schutzbedürftig" möchte die Business-Frau aber auf keinen Fall abgestempelt werden. Es besteht also paradoxerweise die Gefahr, dass die Services möglicherweise weniger nachgefragt werden, wenn man sie offensiv als frauenspezifisches Angebot bewirbt.

Trotz der teils gemischten Reaktion lässt sich festhalten, dass alleinreisende Business-Frauen von einem Teil der Hotels zunehmend als wichtige Zielgruppe erkannt wird. Unsere Studie und die vielen Reaktionen darauf in Presse und Fachmagazinen haben bereits jetzt ein großes Echo in der Hotelbranche hervorgerufen; und es darf als sicher gelten, dass frauenspezifische Services in Zukunft mehr Aufmerksamkeit erfahren.

Schlüssel-Statements Hotelangestellte

Doorman/Gepäckträger:
„Frauen geben weniger Trinkgeld oder gar kein Trinkgeld."

Rezeption, weiblich:
„Frauen nutzen nie Pay-TV."

Rezeption, weiblich:
„Frauen wollen alles genau wissen."

Rezeption, männlich:
„Frauen sind kritischer in ihrer Zimmerwahl und verlangen öfter ein neues Zimmer."

Rezeption, männlich:
„Frauen sind reservierter bei der Ankunft."

Rezeption, männlich:
„Businessfrauen sind reservierter, weniger locker als Privatreisende."

Housekeeping:
„Frauen achten mehr auf Details, z. B. auf die Farbgebung in den Zimmern, Flecken auf dem Teppich, lockere Schrauben, wellige Tapeten ..."

Housekeeping:
„Frauen sind unordentlicher als Männer, vor allem im Bad."

Service Frühstück, weiblich:
„Frauen werden gerne umsorgt. Sie schätzen den Service mehr als Männer."

Service Restaurant, männlich:
„Wir müssen endlich anfangen, die Frauen ernst zu nehmen."

Room-Service, weiblich:
„Frauen nutzen Room-Service öfter als Männer. Sie bevorzugen leichte Kost (Obst), nichts Deftiges. Sie wählen eher Tee als Kaffee."

Barkeeper, männlich:
„Frauen sind kreativer bei der Getränkebestellung – sie lassen sich auch mal auf Unbekanntes ein. Dennoch bleiben ihre Lieblingsgetränke Pina Colada und Champagner."

Barkeeper, männlich:
„Frauen werden fast ausschließlich an der Bar angesprochen, nie, wenn sie am Tisch sitzen."

Barkeeper, männlich:
„Frauen bleiben auch zu später Stunde und mit viel Alkohol nett und freundlich, Männer nicht."

Barkeeper, weiblich:
„Frauenkleidung hat Signalwirkung: Trägt Frau Hosen(anzug), wird sie kaum angesprochen. Ein Rock dagegen signalisiert für Männer Freizeit und damit Kommunikationsbereitschaft."

Barkeeper, männlich:
„Frauen verstecken sich in öffentlichen Hotelbereichen hinter übermäßiger Geschäftigkeit: Handy, Laptop und Akten dienen als Schutzschild."

Anhang

Frauensensible Hotels international (Auswahl)*

Während in den USA seit einer Dekade die „Female friendly-Hotels“ existieren, die spezielle Angebote für Geschäftsfrauen anbieten, hinkt Europa dem immer erfolgreicher werdenden Trend hinterher. Es gibt weder Kriterien noch Standards für eine frauengerechte Übernachtung im Hotel.

Hier folgen nun ausgewählte Hotels in aller Welt, die ausdrücklich frauenorientierte Services und Produkte anbieten – wobei die Spanne von einzelnen Dienstleistungen oder Gestaltungen bis zu ganzheitlichen Konzepten reicht.

Beginnen wir in Europa mit Deutschland (obwohl alphabetisch nicht ganz korrekt)

DEUTSCHLAND

Essen
Mintrops Stadt Margarethenhöhe
Steile Straße 46
Essen, Tel: +49 201 43860

Mintrops Land Hotel Burgaltendorf
Schwarzensteinweg 81
Essen, Tel.: +49 201 571710
www.mm-hotels.de

Sowohl im Mintrops Stadt Margarethenhöhe als auch im **Mintrops Land Hotel Burgaltendorf** gibt es ein für Deutschland sehr anspruchsvolles Angebot für Frauen: Selbstverständlich sind Ladies Rooms, und bei Ankunft warten Hintergrundmusik, kleine Leckereien, Kosmetik- Proben, Ersatz-Strumpfhosen und ein Parkbegleit-Service für dunkle Tiefgaragen.

Köln
Excelsior Hotel Ernst
Trankgasse 1–5/Domplatz
Köln, Tel.: +49 221 2701
www.excelsior-hotel-ernst.de

Der Pianospieler an der Bar des Excelsior Hotel Ernst wirkt wie ein Retro-Relikt, doch das Fünf-Sterne-Hotel hat den Sprung in die Neuzeit nonchalant geschafft. Es

* mit Inken Herzig

bietet persönlichen Service, u. a. das Shopping-In-House Angebot. Direkt auf den Zimmern können Frauen Mode ordern und ausprobieren.

Hilton Hotel Köln
Marzellenstr. 13
Köln, Tel.: +49 221 13072
www.hilton.de

„Wir bekommen viel positives Feedback, unser Service wird von den Frauen sehr gut angenommen," sagt Christian Höhn, Generaldirektor des Hilton in Köln. Frauen können hier entspannen: bei 16 verschiedenen Massagen, Kosmetik- und Aromaanwendungen. Für die Fitness gibt es eine Yoga-Matte mit passender DVD auf den Zimmern.

ÜBRIGES EUROPA

BELGIEN

Brüssel

Royal Windsor Hotel
5, rue Duquesnoy
Brüssel, Tel. +32 2 505 5555
www.royalwindsorbrussels.com

16 der Zimmer des Royal Windsor Hotels in Brüssel wurden von belgischen Modeschöpfern gestaltet. Jedes wartet mit einer besonderen Überraschung auf: persönlicher Lektüre, Barbies im Fashion-Outfit, ein Schwarz-Weiß-Look – oder viel Musik.

ESTLAND

Tallinn

Reval Hotel Olümpia
33 Liivalaia
Kesklinn, Tallinn, Te.: +372 631 5300
www.revalhotels.com

Seit 2007 gibt es im Reval Hotel Olümpia einen Body Shop Ladies Floor. Jedes Badezimmer hält eine große Auswahl der Kosmetik-Kette bereit, die ihre Produkte ohne Tierversuche herstellen lässt. Im Kissen-Menu des Hotels kann man zudem zwischen vier verschiedenen Liege-Varianten wählen.

GROSSBRITANNIEN

London

London Hilton on Park Lane Hotel
22 Park Lane
London, Tel: +44 20 7493 8000
www.hilton.com

In Großbritannien gehörte das Londoner Hilton Hotel in der Park Lane im Jahr 2003 zu einem der ersten, die weibliche Business-Gäste nicht nur registrierten, sondern hofierten. Hier wurden einer der ersten „Women only"-Flure eingeführt und zahlreiche Sicherheitskameras installiert, dazu ein privater Check-in für Alleinreisende.

Grange City Hotel
8-14 Cooper's Row
London, Tel.: +44 20 7863 3700
www.grangehotels.com

Die Badezimmer des Grange City Hotels bieten neben einem großen Schminkspiegel luxuriöse Kosmetik- und Badeprodukte. Im Wellness-Bereich kann man sich neben Massagen mit Gesichts- und Körperbehandlungen verwöhnen lassen.

Stobo Castle
Stobo, Peeblesshire
Tel.: +44 1721 725 300
www.stobocastle.co.uk

Nach Spaziergängen durch die schottische Naturlandschaft locken der Wellness-Bereich des Stobo Castle mit über 70 verschiedenen Schönheitsbehandlungen sowie das Health Spa, das mehrere Beauty-Awards einheimsen konnte. Eine gute – und selten vorzufindende – Idee: Abends gibt es ein gemeinsames Dinner für alle Ladies.

ITALIEN

Mailand

Hotel Principe di Savoia Milano
Piazza della Repubblica 17
Mailand, Tel: +39 02 62301
www.hotelprincipedisavoia.com

„Inzwischen sind fast 35 % unserer Gäste weiblich", bestätigt Margherita Remotti, PR- Direktorin des Hotel Principe di Savoia in Mailand. Das Hotel hat für Frauen ein Spezielles Licht-System ausgeklügelt, unter dem selbst die kompliziertesten Schminktechniken mit links zu schaffen sind. Frauen können ein spezielles „Business Woman Package" buchen, das u. a. ein dreistündiges Business Image Consulting umfasst. Außerdem gibt es ausgewählte Spa-Anwendungen und Rundum-Wohlfühl-Pakete wie „Women in Heaven“.

NORWEGEN

Oslo

Grand Hotel Oslo
Karl Johans Gate 31
Oslo, Tel.:+47 23 21 20 00
www.grand.no

Dass reisende Businessfrauen schon längst kein Nischengeschäft mehr sind, stellen Hoteliers auch im hohen Norden fest. Fast 40 % der Business-Reisenden sind in Norwegen Frauen. Hotels wie das Grand Hotel in Oslo dürfen eine fast hundertprozentige Auslastung von weiblichen Gästen verzeichnen. Das Erfolgsrezept: Frauen wurden beauftragt, Zimmer für Frauen zu gestalten. Die Architektinnen und Künstlerinnen richteten die Suiten nicht nur behaglich ein – ob mit Queen Size-Betten, Berge von Kissen, Yoga-Matten oder Kosmetik des französischen Produzenten L'Occitane, sondern kreierten auch ein Room Service-Menu, das nicht aus frittenreichem Burger, sondern aus Fitnessdrinks und frischen Erdbeeren besteht.

SCHWEDEN

Stockholm

Quality Hotel Prince Philip Stockholm
Oxholmsgrand 2
Stockholm, Tel.:+46 08 680 25 00
www.princephilip.se

Von wegen dunkler, schwedischer Winter: Erst Design-Shoppen in Stockholm, dann in lichte Zimmer des Quality Hotel Prince Philip Stockholm treten, die auf die Lese- und Helligkeitsbedürfnisse von Frauen abgestimmt sind.

SCHWEIZ

Zürich

Lady's First Design Hotel
Mainaustrasse 24
Zürich, Tel. +41 44 380 80 10
www.ladysfirst.ch

1994 entwickelten acht in unterschiedlichen Berufen engagierte Frauen die Idee, in Zürich das erste Stadthotel für Frauen zu eröffnen und gleichzeitig Arbeitsplätze für leistungsbeeinträchtigte Frauen zu schaffen. 2001 als Women only-Hotel in einer alten Stadtvilla eröffnet, sind bereits seit Dezember 2002 auch Männer willkommen. Dass Frauenflure- und Zimmer nicht allein ausreichen, ist Credo in Zürichs erstem Designhotel; deshalb existiert hier ein sehr persönlicher Service und viele

Ansprechpartner. Das Frühstücksbuffet offeriert viele gesunde Gertränke und Lebensmittel, unter der Vielfalt von Massagen findet sich u. a. eine „Lady's Massage", und es werden „Lady's Evenings" organisiert. „Unsere Shopping Guides sind auch gerne bereit, Damen ins Museum und Theater zu begleiten," erzählt Gabriela Bufing. „Die Erfahrungen haben gezeigt, dass Frauen den Service von Frauen nicht nur gerne annehmen, sondern gerade den persönlichen Bezug in der fremden Metropole schätzen."

SPANIEN

Barcelona

H10 Marina Barcelona
Avenida Bogatell 64–68
Barcelona, Tel.: +34 93 309 79 17
www.h10hotels.com

Die ersten Anbieter frauenfreundlicher Hotels sind z. B. das das „Lopez de Haro" in Bilbao oder das „Hotel H10 Marina" in Barcelona. Neben einem umfangreichen Kosmetiksortiment bieten sie modernste, technische Ausrüstung in allen Zimmern; dazu Lieblingszeitschriften, begehbare Kleiderschränke, riesige Spiegel und High Tech- Haartrockner.

Bilbao

Hotel López de Haro
Obispo Orueta, 2
Bilbao, Tel.: +34 94 423 5500
www.lopezdeharohotel.com

Abba Parque Hotel
C/ Rodriguez Arias, 66
Bilbao. Tel.: +34 944 41 31 00
www.abbaparquehotel.com

Das Abba Parque Hotel hat ein eigenes Stockwerk nur für Frauen; dazu einen Sicherheitsdienst und auf jedem Zimmer kostenloses Internet, ein begehbarer Kleiderschrank, große Spiegel sowie Bademäntel mit eigenem Namen! Zur Entspannung gibt es Wellness-Angebote wie z. B. Massagen und Schönheitsbehandlungen.

ASIEN

Gerade in Asien sind einige der besseren Hotels in ihren Dienstleistungen und Ausstattungen doch deutlich weiter fortgeschritten als in Europa.

Hongkong
The Fleming Hotel Hongkong
41 Fleming Road
Hong Kong, Tel.: +852 (36) 072288
www.thefleming.com.hk

In jedem Zimmer des Fleming Hotels Hongkong befinden sich Geräte zur Fuß- und Beinmassage, eine Gesichtssauna und eine Yoga-Matte. In der Minibar duften entspannende Tees; auf Wunsch werden verschiedene Aromaöle gebracht:

KANADA

Toronto
Cosmopolitan Toronto
8 Colborne Street
Toronto, Tel.: +1 416 945 5455
www.cosmotoronto.com

Das Cosmopolitan Toronto bietet luxuriöse Suiten, die nach Feng Shui-Prinzipien für Frauen eingerichtet wurden. In 500 privaten Behandlungsräumen werden u.a. Akupunktur und Massagen angeboten.

in vielen kanadischen Städten sowie in San Francisco und Washington (USA)
Executive Hotel Vintage Park
www.executivehotels.net

Bei Executive Hotels versteht man, dass weibliche Businessreisende andere Ansprüche haben als männliche. So hat man sich beispielsweise mit leichten Menus bei Zimmerbestellungen oder großen Schminkspiegeln im Bad auf die Business Frauen eingestellt. Und auf Wunsch wird der Frau eine Sicherheitsbegleitung bis zum Parkdeck bereitgestellt, und die Frauenzimmer liegen in der Nähe der Fahrstühle.

THAILAND

Bangkok
Amari Don Muang Airport Hotel Bangkok
333 Chert Wudthakas Road
Bangkok, Tel.: +66 (0) 2566 1020
www.amari.com

Alleinreisende Frauen nächtigen in einer eigenen Frauen-Etage, die nur über einen separaten Lift mit Sicherheitsdienst erreichbar ist. Neben dem Wellness-Bereich erwartet die Kundinnen ein Schönheitssalon und ein „Wellness-Center für den Geist“: eine Bibliothek.

VEREINIGTE ARABISCHE EMIRATE

Dubai
Emirates Towers Hotel
PO Box 72127
Dubai, Tel.: +800 182 8000
www.jumeirahemiratestowers.com

Seit 2004 bietet der Chopard Ladies Floor im Emirates Tower Hotel in Dubai allein reisenden Frauen Luxus der Extraklasse: Badeartikel und luxuriöse Kosmetikprodukte von „Chopard", eigens entworfene Satinbettwäsche, Yoga-Matten mit DVD's, flauschige Baumwollmäntel sowie edle Düfte sorgen fürs Wohlbefinden.

VOLKSREPUBLIK CHINA

Shanghai
The St. Regis Shanghai
889 Dong Fang Road, Pudong District
Shanghai, Tel.: +86 (21) 5050 4567
www.starwoodhotels.com

Hier gibt es einen weiblichen Butler rund um die Uhr. Selbstverständlich finden sich auch Ladies-Etagen, separate Fahrstühle mit Sicherheitsdiensten oder ein kostenloser Shuttle zum nächsten Einkaufszentrum oder Flughafen inbegriffen.

USA

Denver
Hotel Teatro
1100 14th Street
Denver, Tel: +303 228 1100
www.hotelteatro.com

Das Luxus Boutique-Hotel im Herzen von Denver besticht mit seinem „Women's Touch"- Programm: Zu diesem Programm gehört beispielsweise eine Joggingtour mit einem Trainer, und anschließend werden Fitnessriegel, Früchte und Mineralwasser gereicht. Im Hotel werden Yogamatten zur Verfügung gestellt und diverse Erholungsbäder angeboten. Und wer etwas beim Einpacken zu Hause vergessen hat oder gar der ganze Koffer beim Flug abhanden kam: Das Personal besorgt Kleidungsstücke oder Schminkutensilien.

Miami
Sanctuary South Beach
1745 James Ave
Miami Beach, Tel.: +1 305 673 5455
www.sanctuarysobe.com

Das als „First female friendly" bezeichnete Sanctuary South Beach bietet einen

Preisnachlass für alleinreisende Frauen. Wer will, kann sich im Bentley vom Flughafen ins Hotel bringen lassen, dort in eine der 30 luxuriös eingerichteten Suiten mit Schlaf- und Wohnzimmer einchecken und sich später mit seinem persönlichen Jogging-Begleiter zu einer Powerrunde treffen.

WELTWEIT

W Hotels
Tel.: +800 325 25252
www.starwoodhotels.com/whotels/index.html

Erfunden im Serviceland USA, geht die Kette der W Hotels noch einen Schritt weiter: Hier gibt es in Zusammenarbeit mit Designerin und Stilikone Diane Fürstenberg ein Emergency Kit, bestehend aus Lidschatten, Mascara und Parfum. Und wer nach dem Geschäftstermin die Abendstunden füllen will, kann sogar ein Notfallkleid beim Concierge bestellen. Natürlich nicht irgendeines, sondern das kleine Schwarze – made by Fürstenberg.

NH Hotels
Tel.: +800 0115 0116
www.nh-hotels.com

Fashion in the City: Die neue „Vogue" auf den Zimmern der NH-Hotels ist selbstverständlich, ebenso wie kleine Accessoires, um alleinreisenden Frauen den Aufenthalt zu verschönern: zum Beispiel hochwertige Kosmetik- und Badeprodukte.

The Peninsula Hotels
Tel: +852 2926 2888
www.peninsula.com

Jedes der Peninsula Hotels hat seinen individuellen Bonus: ob Kinderbetreuung, weiblicher Butler, weiblicher Personaltrainer, Shoppingarkaden oder ein hergerichtetes Bad mit Rosenblättern: perfekte woman's world.

Websites für alleinreisende Business-Frauen
www.maiden-voyage.com
www.skylounge.com
„Executive Women's Network Lounge" ist ein frauenspezifisches Forum für Geschäftsfrauen innerhalb des Online-Forums.
www.ladysaway.com
www.womentraveltips.com
www.via-her.com

Checkliste: Alles, was Frauen wünschen	
Sicherheit	
– Hotel-Taxi oder Shuttleservice	☐
– Frauenparkplätze	☐
– gut beleuchtete Flure und Wege	☐
– gutes Orientierungssystem	☐
– Hotelzimmer in Aufzugnähe	☐
– weibliches Personal auf der Etage	☐
Sozialität	
– Abfrage von individuellen Wünschen (Speicherung in Datenbank)	☐
– Ausgeh- und Veranstaltungstipps mit seriösem Begleitservice	☐
– willkommene Platzvergabe bei der Tischreservierung im Restaurant	☐
– Online Forum „Women only“	☐
– vertrauenswürdige Hotelansprechpartnerin	☐
Sinnlichkeit	
– Frische Blumen	☐
– Obst	☐
– hochwertige Körperpflegeprodukte	☐
– Kissen“menu“	☐
– Kostenloser Fitness- und Wellness-Bereich	☐
– frischer Zimmerduft	☐
– veränderbares Licht: zum Arbeiten, Lesen, Entspannen	☐
Service	
– Schneller, freundlicher Check-in Wäsche- und Bügelservice	☐
– kostenloser Internetzugang	☐
– Visagist/in, Frisör/in auf Wunsch	☐
– Abendgarderoben-Service (das kleine Schwarze)	☐
– persönlicher Butler oder Hausmädchen	☐
Zimmerkomfort	
– WLAN-Internet	☐
– großer Arbeitstisch	☐
– Arbeitsleuchte	☐
– Radio, Musikanlage	☐
– Raumklimaregulierung	☐
– Make up- und Ganzkörperspiegel	☐
– „Rückspiegel“	☐
– kein Teppichboden	☐
– viel und praktischer Stauraum für Kleidung und Kosmetik	☐
– spritzfreie Lagerungsmöglichkeit	☐

– Rockbügel	☐
– Minibar mit gesunden Snacks und Getränken	☐
– mögliche Frischluftzufuhr	☐
Zimmerutensilien	
– leistungsstarker Föhn	☐
– flauschiger Bademantel	☐
– Einweghausschuhe, Slipper	☐
– Yogamatte + Fitness-DVD	☐
– Ersatzstrumpfhosen	☐
– Kosmetiktücher	☐
– viele große Handtücher	☐
– Reiseführer	☐
– Frauenzeitschriften in verschiedenen Sprachen	☐
– „Von Mascara bis Tampon“: frauenspezifisches Emergency Kit	☐

FRAUENZIMMER

Fragebogen Business-Frauen und -Männer

Wir danken Ihnen herzlich für Ihre Kooperation!
Selbstverständlich werden Ihre Daten anonymisiert.

Ihr Alter

☐ 25 – 29
☐ 30+
☐ 40+
☐ 50 – 65

1. Ausstattung: Welche kleinen/banalen und größeren Dinge finden Sie unbedingt wichtig bzw. vermissen Sie in einem Hotelzimmer/im Bad?

2. Weitere Services rund ums Zimmer/Hotel oder An- und Abfahrt, die Sie sich wünschten:

3. (nur Frauen)
   Hätten Sie Interesse an Hotel-Räumen, in denen Frauen ungestört und unter sich (nur Frauen) entspannen könnten (Salons, eigene Bars, Wellness-Bereiche.....)?

   ☐ Ja ☐ Nein

4. Wo und wie gehen Sie essen in einer fremden Stadt, wenn Sie allein sind?

5. (nur Frauen)
   Fänden Sie es sinnvoll, wenn es ein online-Forum von Frauen für Frauen gäbe, über das man sich in einer fremden Stadt mit einer oder mehreren Frauen zum Essen, Shopping, Stadtbesichtigung treffen könnte?

   ☐ Ja ☐ Nein

Falls nein: warum nicht?

6. (nur Frauen)
Wie fänden Sie das Angebot eines seriösen Service, der Ihnen eine Begleitperson zum Essengehen, Shopping, Sightseeing anbietet?

Falls Sie das gut finden: Lieber eine Frau oder einen Mann, oder hängt das von der Art der Aktivität ab?

Falls nein: warum nicht?

7. Und hätten Sie da auch schon mal Lust auf einen kleinen Flirt (kein Sex, kein „one-night-stand" sind hiermit gemeint)?

☐ Ja ☐ Nein

8. Fühlen Sie sich manchmal unsicher beim Alleinreisen? (bedrohliche Situationen, dunkle Ecken, Ausgeliefert-Sein....)

☐ Ja ☐ Nein

9. Falls Geld keine Rolle spielen würde: Hätten Sie Lust, im Hotel einen Butler zu „mieten“?

☐ Ja ☐ Nein

Falls ja: Welches Geschlecht wäre Ihnen lieber?

☐ Frau ☐ Mann

10. Wie viele Kleidungsstücke (ohne Strümpfe und Unterwäsche) nehmen Sie für eine Business-Reise mit 2 Übernachtungen ungefähr mit?

Und wie viele für eine private Vergnügungsreise?

BEOBACHTUNGSBOGEN

Bereich im Hotel:			
Datum:			
Zeit:			
Alter:			
Allein:		**Nicht allein:**	
		Anzahl der Personen:	
			w / m
Selbstsicher:		**Unsicher:**	
Verhaltensauffälligkeiten			
Haltung beim Sitzen			
Atmosphäre (Licht, Musik, Publikum,..)			
Getränk:			
Speisen:			
Outfit:			
Zeit beim Verlassen:			
Bemerkungen/Notizen:			

FRAUENZIMMER
Fragebogen Hotel-Management

Vielen Dank für ihre freundliche Kooperation!
Ihr Business Women Research Team.

---

1. Wie hoch schätzen Sie den Anteil alleinreisender Geschäftsfrauen in Ihrem Hotel?
(in %)

2. Stellen Sie Unterschiede fest zwischen einem alleinreisenden Geschäftsmann und einer alleinreisenden Geschäftsfrau in Hinsicht auf ...
- ☐ besonderen Service
- ☐ spezielle Wünsche/Bedürfnisse
- ☐ Verhaltensweisen
- ☐ sonstiges:
- ☐ nein

3. Bieten Sie besondere Services speziell für Frauen an?
☐ Ja ☐ Nein

Wenn ja, welche?

4. Wie kommunizieren Sie diese?
- ☐ Homepage
- ☐ eigener Newsletter (online)
- ☐ eigene Broschüre
- ☐ gezielte PR-Maßnahmen
- ☐ Informationen im Hotel / Zimmer
- ☐ sonstiges:

5. Gehen Sie in Ihrem Hotel speziell auf unterschiedliche kulturelle Wünsche Ihrer internationalen Klientel ein?

☐ Ja ☐ Nein

Falls ja: Bitte erläutern Sie, welche Erwartungen an Sie herangetragen werden (Beispiele):

6. Haben Sie eine Strategie, um die Betreuung Ihrer Gäste zu optimieren? (Zum Beispiel das Speichern von individuellen Wünschen in einer Datenbank)

☐ Ja ☐ Nein

Unterscheiden Sie dabei nach Geschlecht?

☐ Ja ☐ Nein

7. Um der wachsenden Zielgruppe eine bessere Orientierung zu bieten, könnte ein auf alleinreisende Geschäftsfrauen ausgerichtetes Angebot zertifiziert werden.
Wären Sie an einem solchen Zertifikat interessiert?

☐ Ja ☐ Nein

Wenn nein: Warum nicht?

Wenn ja: Würden Sie damit werben?

☐ Ja ☐ Nein

8. Und ganz allgemein: Wie bewerten Sie eine Hotelkultur, die speziell auf alleinreisende Geschäftsfrauen eingeht?

☐ ist unbedingt notwendig
☐ wird immer wichtiger
☐ ist überlegenswert
☐ wird überbewertet

9. Und nun noch einige Angaben zu Ihrem Hotel (optional):

   Hotelname:

   Sterne:

   ☐ 3 ☐ 4 ☐ 5

   Stadt:

Wenn Sie an den Ergebnissen bzw. an Informationen über unser Buch Interesse haben sollten, geben Sie bitte Ihre Kontaktdaten an:

Literaturverzeichnis

Sachliteratur

Albus, Volker: "Lieber Gast". Zum Stand der Heimat auf Zeit - Das Hotelzimmer, Dezember 1996, Edition Axel Menges Verlag, Fellbach

Bradley, Kimberly: Design Hotels Yearbook 2008, 2008, Die gestalten, Berlin

Burtsche, Kirsten: Das Arbeitsverhältnis im Hotel- und Gaststättengewerbe, Oktober 2001, Peter Lang, Frankfurt

Dietsch, Stefanie: Die Geschichte des deutschen Hotels - von den Anfängen bis zur Gegenwart, 2008, Grin, München

Hotelmarkt Deutschland 2009, IHA - Service GmbH, Bonn

Hoffmann, Moritz: Geschichte des deutschen Hotels, 1961, Hüthig, Heidelberg

Knopp, M.: Angebote für Alleinreisende, 2006, VDM Verlag Dr. Müller, Saarbrücken

Linne, Martin; Dreyer, Axel; Endreß, Martin: Hotel 2020: Demographischer Wandel - Reiseverhalten - Hotelmarketing, August 2007, ITD, Hamburg

Marcellino (Hudalla, M.): M. Marcellino's Hotel Report Deutschland 2009/2010, März 2009, Marcellinos, Düsseldorf

Wohnhas, Harald: Hotel Brands of the World, 2008, VDM Verlag Dr. Müller, Saarbrücken

Reiseverhalten

Bittner, Romy: Tourismus der Zukunft: Boomende Urlaubsformen. Dominierende Zielgruppen. Verändertes Reiseverhalten, 2006, VDM Verlag Dr. Müller, Saarbrücken

Ligges, Maria: Frauen auf Reisen, Strategien für frauenorientiertes Marketing in der Tourismusbranche, 2005, VDM Verlag Dr. Müller, Saarbrücken

Essayistik

Niederberghaus, Tomas: Menschen in Hotels, 2006, Eichborn, Frankfurt

Walther, Gabriele M.: Hotels. Geschichte in Geschichten, 1990, VGS, Köln

Belletristik

Adair, Gilbert: Ein stilvoller Mord in Elstree, Deutsche Ausgabe 2007, C.H. Beck, München

Baum, Vicki: Menschen im Hotel, erstmalig 1929, Kiepenheuer & Witsch, Köln

Christie, Agatha: Bertrams Hotel, Erste deutsche Ausgabe 1965, Scherz, Bern-München-Wien

Düffel, John von: Hotel Angst, 2006, DuMont, Köln

Greene, Graham: Die Stunde der Komödianten, Erste deutsche Ausgabe Wien 1966, Zsolnay, Wien

Irving, John: Das Hotel New Hampshire, Erste deutsche Ausgabe 1982, Diogenes, Zürich

Künzli, Lis: Hotels. Ein literarischer Führer, Juli 2007, Eichborn, Frankfurt am Main

Bildbände/Themenliteratur

Design:

Bradley, Kimberly: Design HotelsT Yearbook 2008, 2008, Die Gestalten Verlag, Berlin

Design Hotels: The Design Hotels Book: Edition 2009, 2009, Die Gestalten, Berlin

Kunz, Martin Nicholas: Cool Hotels Best of Europe, August 2008, teNeues, Kempen

Kunz, Martin Nicholas: Cosmopolitan Hotels (Designpocket), 2003, teNeues, Kempen

San Martin, Macarena: Cool Design Hotels, 2008, Frechmann Kolón, Verlag

Spa & Wellness:

Attinger, Gabrielle: Wellness-Hotels, 2004, Werd, Zürich

Berg, W.: Gesundheitstourismus und Wellnesstourismus, 2008, Odenbourg, München

Illing, K.-T.: Gesundheitstourismus und Spa-Management, 2008, Odenbourg, München

Klocke, Martina: Hideaways Hotels 02: Die schönsten Spa- und Wellness-Hotels der Welt, 2008, Klocke, Bielefeld

Kunz, Martin Nicholas: best designed wellness hotels – europe: Western and Central Europe, the Alps, the Mediterranean Pt. 1, September 2007, Av Edition, Ludwigsburg

Kunz, Martin Nicholas: Cool Hotels Spa & Wellness, August 2008, teNeues, Kempen

Kunz, Martin Nicholas: Luxury Hotels Spa & Wellness, 2006, teNeues, Kempen

Rulle, M.: Gesundheitstourismus in Europa, 2008, Profil, München

Preiswert:

Kunz, Martin Nicholas: best designed affordable hotels, 2006, Av Edition, Ludwigsburg

Kunz, Martin Nicholas: Cool Hotels – Cool Prices, 2006, teNeues, Kempen

McLane, Daisann: Cheap Hotels. 80 günstige Hotels von Berlin bis Bali, 2002, Taschen, Köln

Ypma, Herbert: Hip Hotels, Nice Price, 2001, Econ in Ullstein Buchverlage GmbH, Berlin

Luxus:

Kunz, Martin N.: Luxury Hotels – Top of the World, 2006, teNeues, Kempen

Lochmann, Ines: The Importance of Luxury Hotels: Customers' Expectations and Evaluations of Upscale Services, 2009, VDM Verlag Dr. Müller, Saarbrücken

Ökologie:

Kunz, Martin Nicholas: best designed ecological hotels, 2006, Av Edition, Ludwigsburg

Masso, Patricia: Cool Hotels Ecological, 2006, teNeues Verlag, Kempen

Fodor's: Green Travel: The World's Best Eco-Lodges & Earth-Friendly Hotels, 2008, Fodor's, New York

Zeitschriften

Allgemeine Hotel- und Gastronomie-Zeitung: Matthaes Verlag GmbH, Stuttgart, http://www.ahgz.de

Allgemeine Hotel- und Gaststätten-Zeitung: Matthaes Verlag GmbH, Stuttgart, http://www.ahgz.de

BizTravel: fvw Mediengruppe, Hamburg, http://biztravel.fvw.de

First Class: Management-Magazin für Hotel und Restaurant, B&L Mediengesellschaft, Hilden, http://www.blmedien.de/175805--

~deutsch~Produkte_und_Dienstleistungen_Verlagsprogramm~Fachzeitschriften~FIRST_CLASS~Aktuelle_Ausgabe~aktuelles_heft.html

gastronomie & hotellerie – das Unternehmer-Magazin: Huss Medien, Berlin, http://www.gastronomie-hotellerie.com

Gastrotel: GW Verlag, Essen, http://www.gwverlag.de/page.php?modul=HTMLPages&pid=5&nv=15

Hotelbau: Forum Verlag Herkert, Merching, http://www.hotelbau.biz

Hottelling – digitale Fachzeitschrift für Hotellerie, Gastronomie und Gemeinschaftverpflegung: Terminal 4 Verlag GmbH, Hamburg, http://www.hotelling.de (nur online!)

Hotel Objekte: Bauve Verlag, Bad Wörishofen, http://www.bauve.de/index.php?section=publikation&module=hotel

Hotel Press: 4media Verlag, Stetten (Allgäu), http://www.hotelpress.de/

KAP Magazin, 1/2008

Travelgirl: Atlanta (USA), http://www.travelgirlinc.com/

Top hotel: Freizeit Verlag Landsberg am Lech und Dubai (englischsprachig), http://www.tophotel.de/

Studien/Berichte/Trends

Deutscher Tourismusverband: Tourismus in Deutschland: Zahlen – Daten – Fakten 2008, 2009, PDF Download, 24 Seiten

Kurzinfo: Jährliche Grundlagenuntersuchung des Deutschen Tourismusverbandes e.V. (DTV) zum Deutschlandtourismus,
http://wissen.dsft-berlin.de/
Tourismus_in_Deutschland_Zahlen_ %E2 %80 %93_Daten_ %E2 %80 %93_Fakten _2/Info-12-1222-4-4.0.html

Deutscher ReiseVerband: Fakten und Zahlen zum deutschen Reisemarkt 2008, 2009, PDF Download, 24 Seiten

Kurzinfo: Wirtschaftsfaktor Tourismus, Die deutsche Reisebranche hat sich erneut als Wachstumsmotor der deutschen Wirtschaft bewährt. Der gesamtwirtschaftliche Produktionswert der Tourismusindustrie in Deutschland belief sich 2008 auf mehr als 185 Milliarden Euro. Hierbei wird von einer Wertschöpfung der Tourismusbranche von 94 Milliarden Euro ausgegangen. Die Deutschen sind die größten Nettodevisenbringer im internationalen Reiseverkehr. Die Reiseausgaben im Ausland entsprechen 4,4 Prozent des gesamten privaten Verbrauchs.
http://wissen.dsft-berlin.de/
Fakten_und_Zahlen_zum_deutschen_Reisemarkt_2008/Info-12-1195-4-4.0.html

Deutscher Hotel- und Gaststättenverband:, DEHOGA-Branchenbericht Sommer 2008, 2008, PDF Download, 19 Seiten

Kurzinfo: Die konjunkturelle Entwicklung von Hotellerie und Gastronomie in Deutschland (Sommer 2008 – Ausblick Winter 2008/09)
http://wissen.dsft-berlin.de/DEHOGABranchenbericht_Sommer_2008/Info-22-1165-4-4.0.html

Verband Deutsches Reisemanagement:, VDR-Geschäftsreiseanalyse 2009, 2008, PDF Download, 24 Seiten

Kurzinfo: Die Geschäftsreiseanalyse 2009 gibt einen Ausblick auf das laufende Jahr: Die Finanzkrise schlägt sich insbesondere bei größeren Unternehmen in der Geschäftsreisetätigkeit nieder. Von KMUs kann hingegen ein Wachstum erwartet werden, da bei diesen die Geschäftsreise seltener substituiert wird.
http://wissen.dsft-berlin.de/VDRGeschaeftsreiseanalyse_2009/Info-33-1217-4-4.0.html

Forschungsgemeinschaft Urlaub und Reisen: Urlaubsreisetrends 2020, 2009, Print, 215 Seiten

Kurzinfo: Die RA-Trendstudie – Entwicklung der touristischen Nachfrage der Deutschen
http://wissen.dsft-berlin.de/Urlaubsreisetrends_2020/Info-33-1214-4-4.0.html

Messe Berlin; IPK International: ITB World Travel Trends Report 2009, 2009, PDF Download, 35 Seiten

Kurzinfo: jährlich erscheinende Studie zur ITB (Internationale Tourismus Börse) Berlin
http://wissen.dsft-berlin.de/ITB_World_Travel_Trends_Report_2009/Info-33-1202-4-4.0.html

Verband Deutsches Reisemanagement: VDR-Geschäftsreiseanalyse 2009, 2009, PDF Download, 24 Seiten

Kurzinfoedes dritte Unternehmen reist weniger. Etwa die Hälfte der Firmen in Deutschland plant für 2009 gleich viele Geschäftsreisen wie 2008. Jedes zehnte Unternehmen rechnet sogar mit steigenden Volumina. Rund ein Drittel der Unternehmen allerdings wird weniger reisen.
http://wissen.dsft-berlin.de/VDRGeschaeftsreiseanalyse_2009/Info-23-1217-4-4.0.html

FOCUS-Medialine: Der Markt für Urlaub und Geschäftsreisen, 2008, PDF Download, 57 Seiten

Kurzinfo:
* Reisetrends
* Deutschlandtourismus
* Reiseziele

* Veranstaltermarkt
* Flugtourismus
* Hotels
* Vertrieb
* Geschäftsreisen
* Werbemarkt
* Kommunikation

http://wissen.dsft-berlin.de/Der_Markt_fuer_Urlaub_und_Geschaeftsreisen/Info-23-1051-4-4.0.html

Deutsche Zentrale für Tourismus: Geschäftsreisemarkt Deutschland 2008, 2009, PDF Download, 8 Seiten

Kurzinfo:
* Geschäftsreisen aus Europa und Übersee nach Deutschland
* Inlandsgeschäftstourismus der Deutschen
* Inländische Kongress-/Veranstaltungsreisen
* Tagungs- und Kongressmarkt aus Expertensicht

http://wissen.dsft-berlin.de/Geschaeftsreisemarkt_Deutschland_2008/Info-12-1235-4-4.0.html

Statistiken

http://de.statista.com/statistik/daten/studie/5547/umfrage/reiseverhalten-in-europa-2008/

http://de.statista.com/statistik/daten/studie/12391/umfrage/top-10-der-hotelgruppen-weltweit-in-2008/

http://de.statista.com/statistik/daten/studie/12396/umfrage/top-10-der-markenhotels-in-deutschland-2008/

http:/de.statista.com/statistik/diagramm/studie/103726/umfrage/anzahl-der-geschaeftsreisen-in-den-letzten-12-monaten/